FLYING OVER THE HIMALAYA
—Peak Identification—

空撮ヒマラヤ越え 山座同定

Tamotsu (Tom) Nakamura

中 村 保

ナカニシヤ出版

FLYING OVER THE HIMALAYA
—Peak Identification—

空撮ヒマラヤ越え　山座同定

Tamotsu（Tom）Nakamura　中村　保

ナカニシヤ出版

Author's Note and Acknowledgements

If you fly over the Himalaya from Chengdu to Lhasa, Kathmandu and Yushu, from Lhasa to Ali of West Tibet, or from Kathmandu to Pokhara, you will overwhelmingly be allured and impressed with lofty mountain peaks appearing range after range.

I myself and my colleagues flew over these routes year by year for nearly two decades. I edited and compiled this book with full support of Mr. Liu Yuhong, Mr. Wuri Wusa, Mr. Yoshiharu Sugiura providing valued aerial photographs.

It is emphasized among others that the two former vice-presidents of the Japanese Alpine Club, Mr. Hisashi Tanabe and Ryuichi Murai encouraged me to carry on with this project.

I immensely owe the four experts for peak identification. The Hengduan Mountains Club and the Himalayan Association of Japan – Mr. Tatsuo Inoue for Nyainqentanglha West & East and Kangri Garpo, Ms. Shihoko Nomura for Nyainqentanglha East and West Sichuan Highlands, Mr. Hiroshi Iwazaki for Nepal Himalaya and Bhutan border and Mr. Yasuo Ota for West Tibet, North Sikkim and Bhutan border. Mr. Taneo Maeda kindly draw a map showing flying route based on Google Earth.

I do also much appreciate Mr. Harish Kapadia of the Himalayan Club and Yoshio Ogata to be so generous as to let me take advantages of their photographs.   Sincerely.

Tom Nakamura

著者前書きおよび謝辞

ヒマラヤ越えの飛行は素晴らしい。四川の成都からラサへ、ネパールのカトマンズへ、青海省の玉樹へ、カトマンズからポカラへ、ラサから西チベットの阿里へ、次々に現れる高峰に圧倒され魅了され、脳裏に焼きつくでしょう。

私自身、そして友人が十数年に亘りこれらのルートを何度となく飛びました。その経験の集大成としてヒマラヤ越え空撮写真集編纂のプロジェクトに取り組みました。そのために惜しみなく貴重な空撮写真を提供して頂いた劉渝宏さん、烏里烏沙さん、杉浦吉治さんに感謝します。

日本山岳会の二人の元副会長、田辺寿さんと村井龍一さんの計画当初からの励ましが本書を世に出す大きな後押となりました。

山座同定には横断山脈研究会と日本ヒマラヤ協会の四人のエキスパートの方々から測り知れない程のご協力を賜りました。井上達男さんには念青唐古拉山西部東部とカンリガルポ、野村志保子さんには念青唐古拉山東部と四川西部高地、岩崎洋さんにはネパール・ヒマラヤとブータン国境、太田康夫さんには西チベット、シッキム北部、ブータン国境の山座同定の知見を活用させて頂きました。前田種雄さんにはグーグルアースをベースにした飛行ルート図を用意して頂きました。

ヒマラヤンクラブのハリッシュ・カパディアさんからは貴重なインドヒマラヤ、シッキムの写真を、尾形好雄さんからはシッキムの写真と地図をご提供頂きました。

謹んで皆様に感謝の意を表します。

中村　保

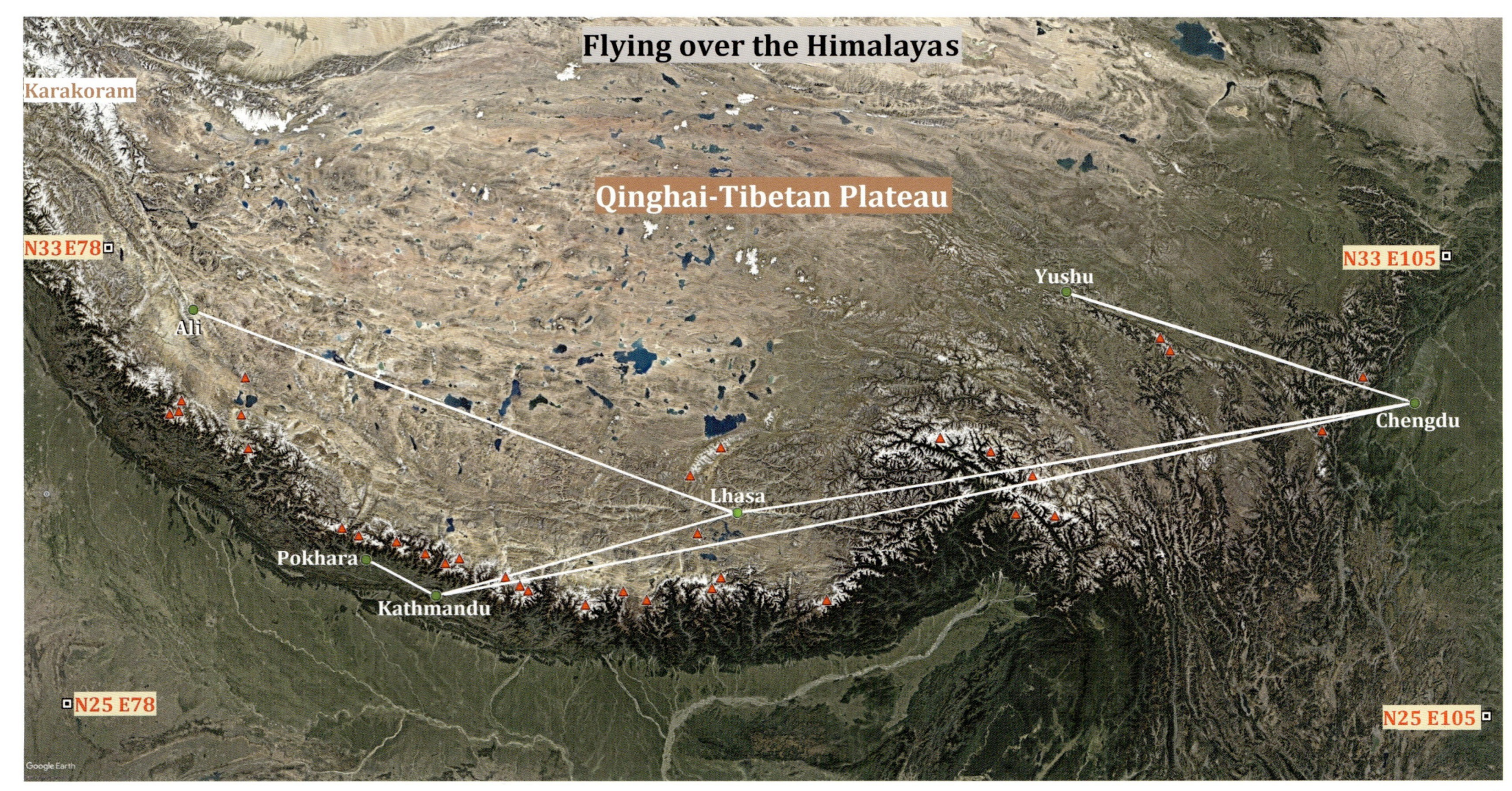

Flying over the Himalayas

Karakoram

Qinghai-Tibetan Plateau

N33E78

N33 E105

Yushu

Ali

Chengdu

Lhasa

Pokhara

Kathmandu

N25 E78

N25 E105

Google Earth

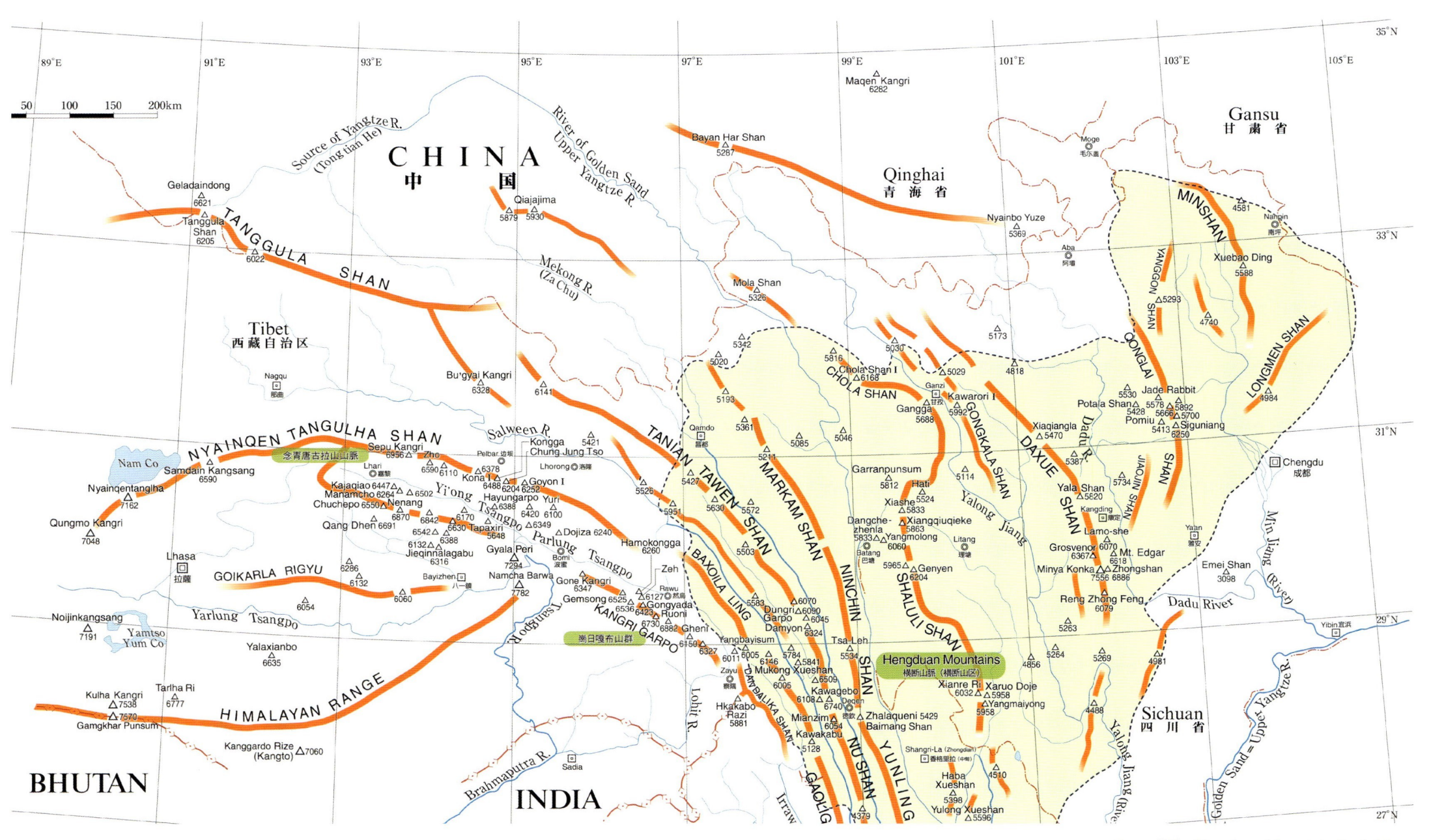

East of The Himalaya-Mountain Peak Maps

FLYING OVER THE HIMALAYA

Page

Part 1. Karakoram ·································· 7

Part 2. West Tibet ·································· 11

Part 3. Nepal Himalaya ·································· 26

Part 4. North Sikkim ·································· 66

Part 5. Tibet-Bhutan Border ·································· 82

Part 6. Yarlung Tsangpo Basin ·································· 99

Part 7. Nyainqentanglha West ·································· 111

Part 8. Easternmost Himalaya ·································· 121

Part 9. Nyainqentanglha East ·································· 132

Part 10. Kangri Garpo & Gorge Country ·································· 174

Part 11. West Sichuan Highlands ·································· 188

Part 1. Karakoram

K2, Broad Peak, Gasherbrum Ⅰ−Ⅳ
Masherbrum, Disteghil Sar
Latok, Baintha Brakk,Crown
Saltoro Kangri, Chogolisa
Skyang Kangri, Trivol Sar, Sia Kangri
Kanjut Sar, Baltoro Kangri
Sherpi Kangri

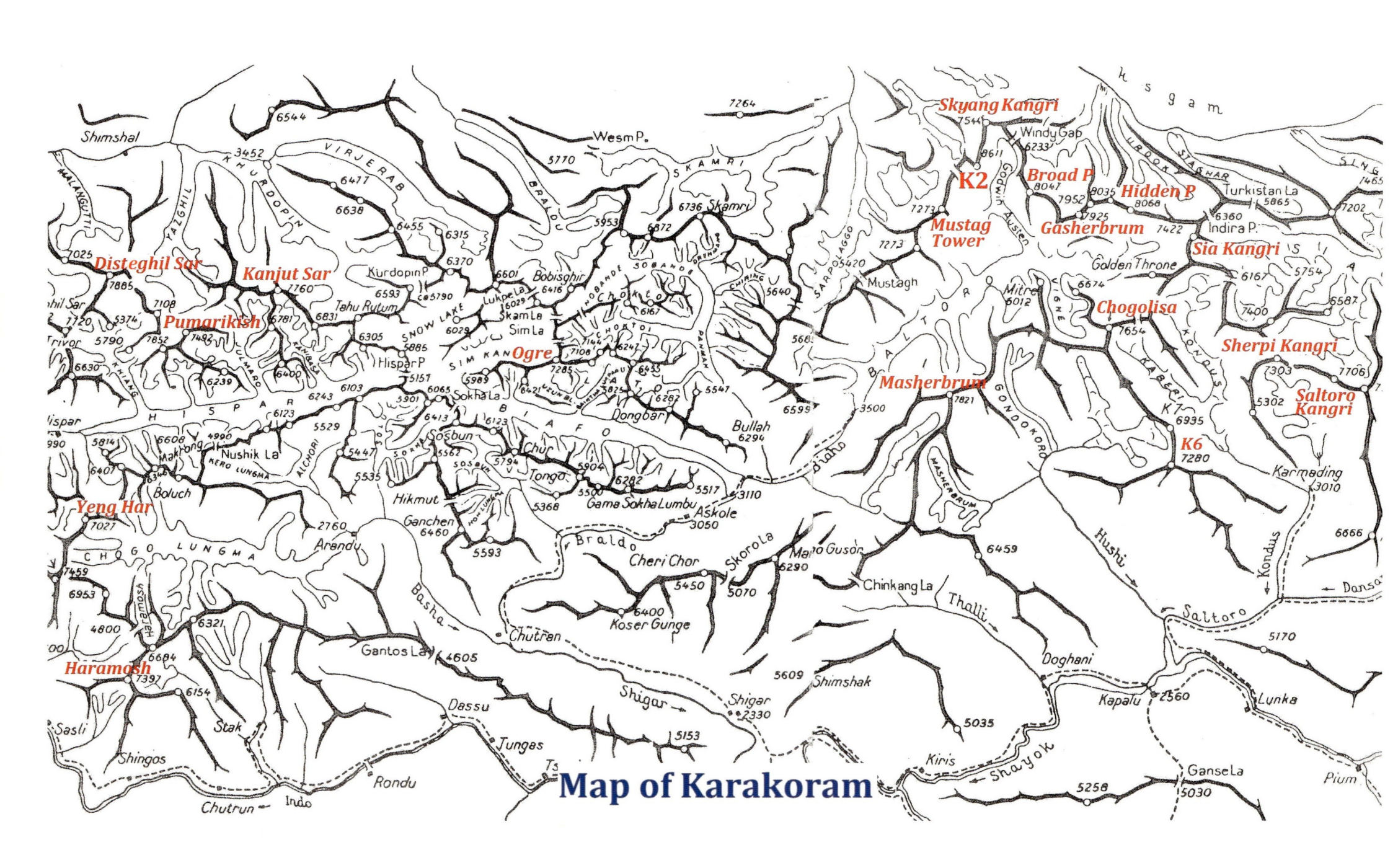

Map of Karakoram

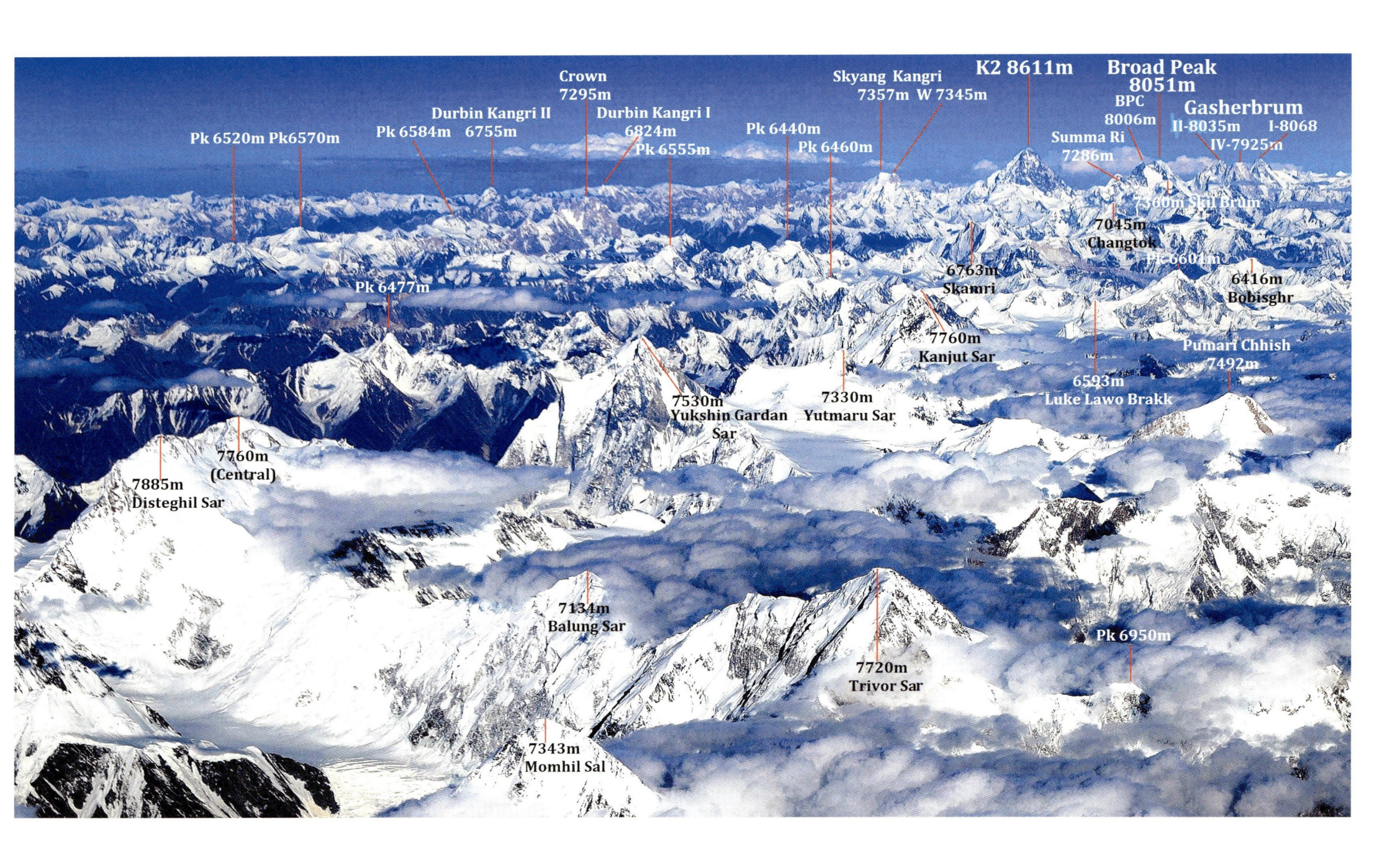

Pk 6520m Pk6570m

Pk 6584m 6755m

Durbin Kangri II

Crown
7295m

Durbin Kangri I
6824m
Pk 6555m

Pk 6440m

Pk 6460m

Skyang Kangri
7357m W 7345m

K2 8611m

Broad Peak
8051m

BPC
8006m

Summa Ri
7286m

Gasherbrum
II-8035m   I-8068
IV-7925m

7300m Skil Brum

7045m
Changtok

Pk 6601m

6416m
Bobisghr

Pk 6477m

6763m
Skamri

7760m
Kanjut Sar

Luke Lawo Brakk

Pumari Chhish
7492m

7530m
Yukshin Gardan
Sar

7330m
Yutmaru Sar

6593m

7760m
(Central)

7885m
Disteghil Sar

7134m
Balung Sar

7720m
Trivor Sar

Pk 6950m

7343m
Momhil Sal

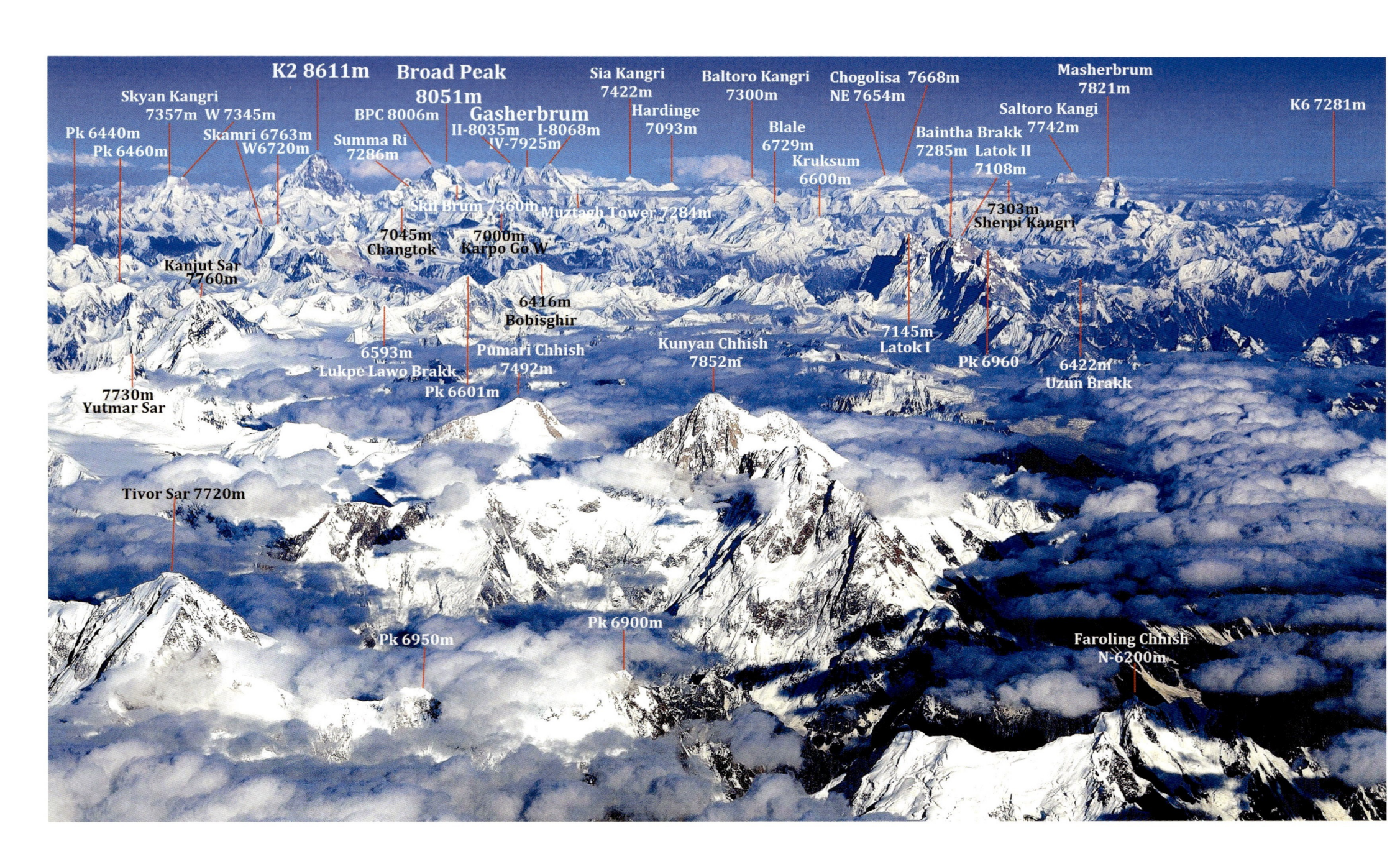

Part 2. West Tibet
(Shiquanhe/Ali~Lhasa)

Nanda Devi, Hardeol, Tirsuli, Trisul I, Dunagiri
Saipal, Guna La, Kang Rinboqe, Naimonany
Annapurna I–IV, Dhaulagiri I–IV, Nilgiri North
Himal Chuli, Peak 29, Manaslu, Panbali Himal
Makalu, Qomolangma, Cho Oyu, Menlungtse
Kangchenjunga, Kangbachen, Jannu

Map: Ali~Lhasa

The General Map of Mountain Peaks in China

Nanda Devi
East 7434m
Main 7818m
Hardeol 7151m
Tirsuli 7074m
Tirsuli West 7035m
Saf Minal 6911m
Kalanka 6931m
Changabang 6864m
Mirgthni 6855m
6523m
Phurbi Dunagiri 6489m
Trisul I 7120m
Dunagiri 7066m
Nanda Ghunti 6309m
6635m
6504m
6325m Rampak I
6181m Rampak II

Main 7816m

East 7434m

Nanda Devi south face
Photo from Devtoli
Harish Kapadia

Saipal
7030m

Phirankoph West
6745m

Guna La(Gonalha)
6902m

Naimonany(Gurla Mandhata)
7694m

6912m

6851m

Kang Rinboqe (Kailas)
6638m

Lake Manusarovar

Lake Rakas-tal

6598m

Kang Rinboqe 6638m (Kailas)

Photo taken by Yoshiharu Sugiura

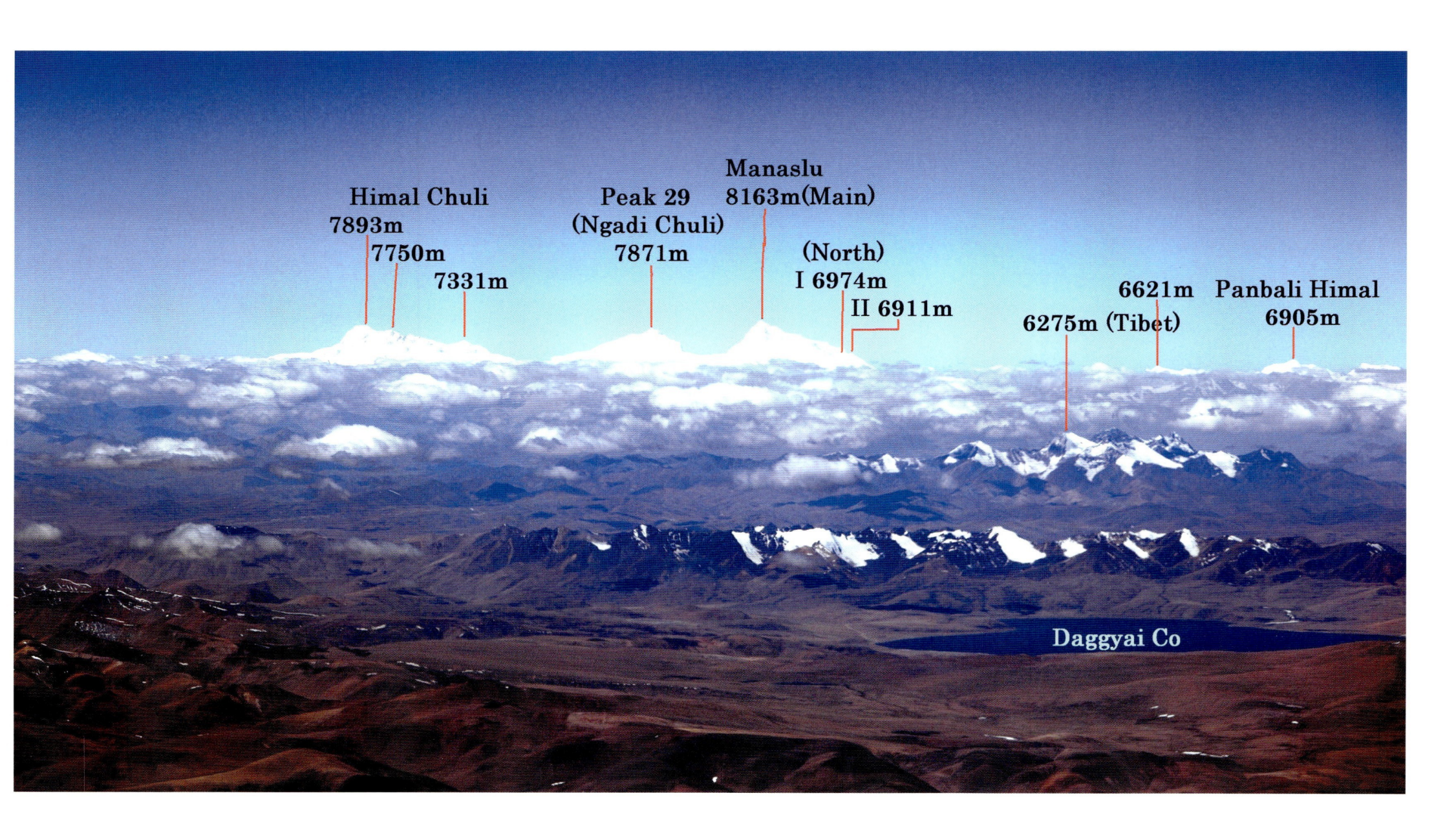

Himal Chuli
7893m
7750m
7331m

Peak 29
(Ngadi Chuli)
7871m

Manaslu
8163m(Main)

(North)
I 6974m
II 6911m

6275m (Tibet)

6621m

Panbali Himal
6905m

Daggyai Co

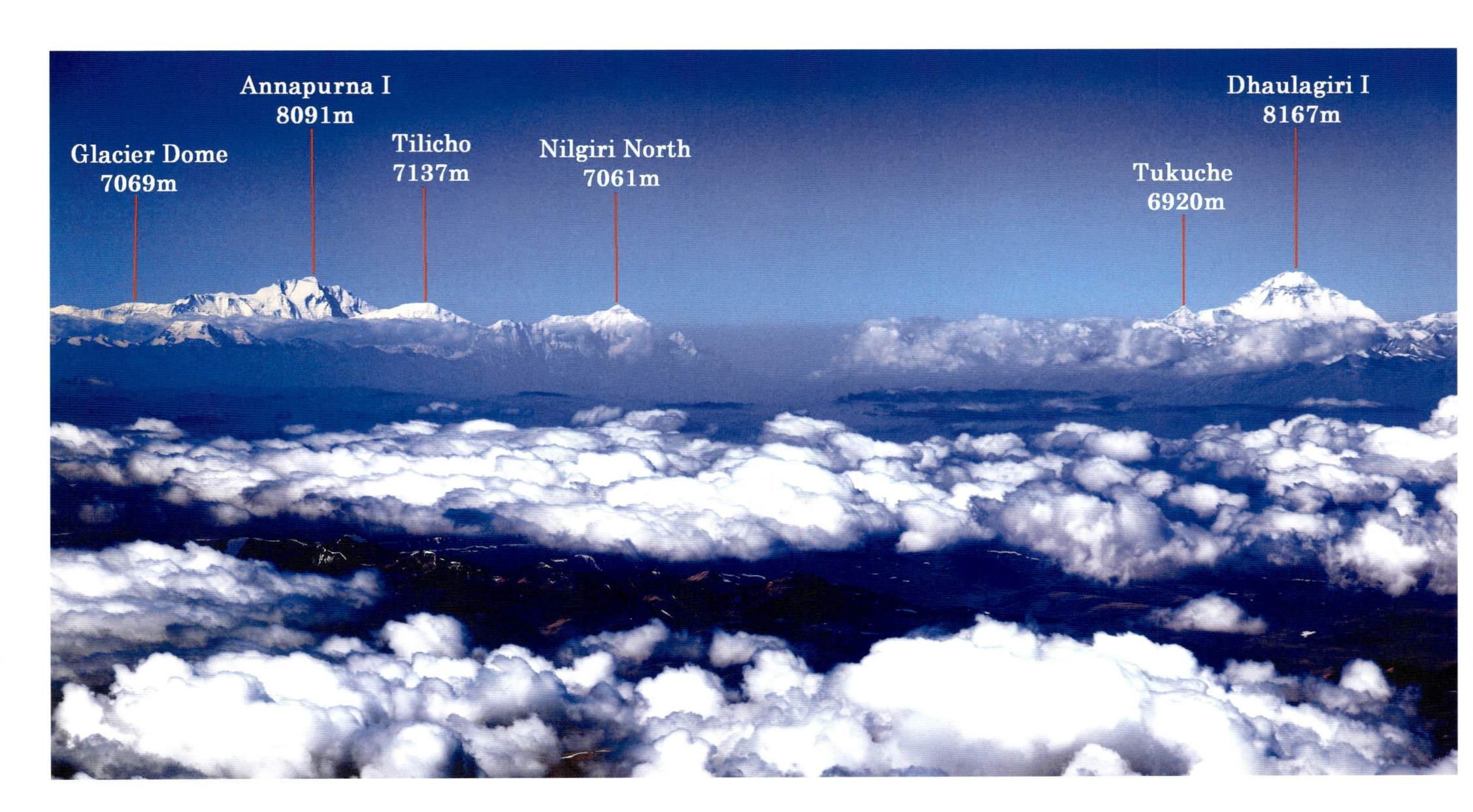

Glacier Dome
7069m

Annapurna I
8091m

Tilicho
7137m

Nilgiri North
7061m

Tukuche
6920m

Dhaulagiri I
8167m

Chuko
6704m

Annapurna

II
7937m

IV
7525m

III
7555m

Glacier Dome
7165m

Tare Kang
7140m 7069m

7455m

Gangapurna

Annapurna I
8091m

Nilgiri West
7061m

Tilicho
7137m

Dhaulagiri

I
8167m

Tukuche
6920m

Sita
Chuchura
6662m

II
7751m

III
7715m

IV
7661m

VI
7268m

6899m
Lugula Himal

6462m

Bougou Chaw 6238m

Zhalung Nadung

6145m

7371m
Churen Himal

Chee Himal 6820m
Nemjung 7140m
Himlun 7126m
Gyaji Kang 7074m 7035m
Kang Guru 6981m
Rutna Chuli 7035m
Rutna West 6931m
6897m (top)
6687m
Annapurna II 7937m
Annapurna IV 7525m
Lugula Himal 6899m
Chako 6704m
Annapurna III 7555m
Gangapura 7455m
7140m
Tarke Kang 7069m
Glacier Dome 7168m
6503m
6650m
6505m
6759m
6666m
Chhib Himal
Khumjun Himal

Shishapangma
8027m

Langtang Lirung
7227m

Malamenqing
7703m

Porong Ri
7292m

Langtang Ri
7205m

Gaurishankar   Lapche Kang   Colangma

Lengpo Gang Dorje Lhakpa

Main   II   I   6952m   Purbi Chacha 6979m   6966m   Risum   Mera
7135m   7250m 7367m   6637m   7050m   6958m
             7080m   7072m   6960m   Nyarang Ri
                                        6850m 6600m+   7119m

7010m   6970m   6891m   6769m
Gaurishankar S   Guru Karpo Ri   6837m   Gangphu Ri

Phurephu Ri
6846m

Lantang Lirung
7227m

Mera
6581m

6557m

Lalaga Ri
6671m

6405m

Kangpenchin
7281m

Kangphu Ri
7230m

Xatang Ri
6637m 6698m

6643m

Ganesh V
6770m

Salasungo
7043m

Yangra Kangri
(Ganesh I)
7429m

6863m

6769m

6581m

Gangphu Ri Ghenge Liru

6515m

6717m

Kaban

6767m

Chalung Ri

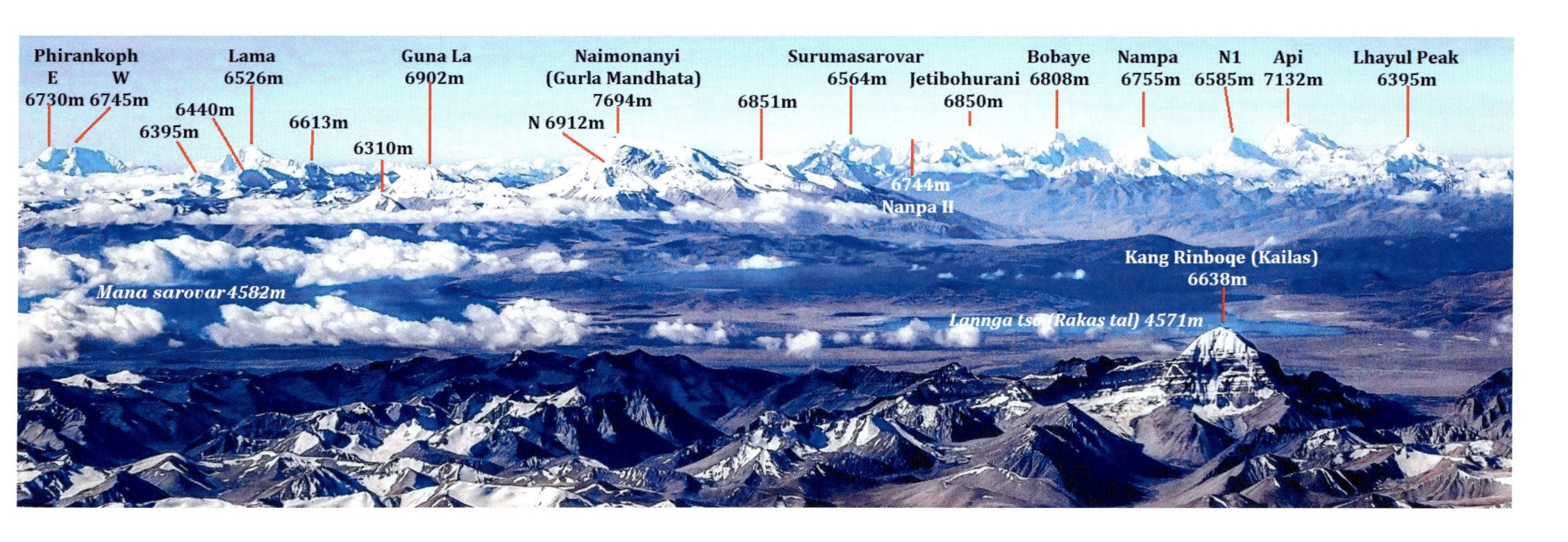

Phirankoph
E   W
6730m   6745m
6395m
6440m
6613m
6310m
Lama
6526m
Guna La
6902m
Naimonanyi
(Gurla Mandhata)
7694m
N 6912m
Surumasarovar
6564m
Jetibohurani
6850m
6851m
6744m
Nanpa II
Bobaye
6808m
Nampa
6755m
N1
6585m
Api
7132m
Lhayul Peak
6395m

Mana sarovar 4582m

Kang Rinboqe (Kailas)
6638m

Lannga tso (Rakas tal) 4571m

Part 3. Nepal Himalaya
(Pokhara~Kathmandu, Kathmandu~Lhasa/Chengdu)

Dhaulagiri, Annapurna, Manaslu, Himal Chuli

Ganesh Himal, Langtang Lirung, Shishapangma

Menlungtse, Cho Oyu, Gyachun Kang, Ngojumba Kang

Nuptse, Lhotse, Everest (Sagarmatha), Makalu

Tent Peak, The Twins, Kangbachen

Kangchenjunga, Jannu (Kumbhakarna)

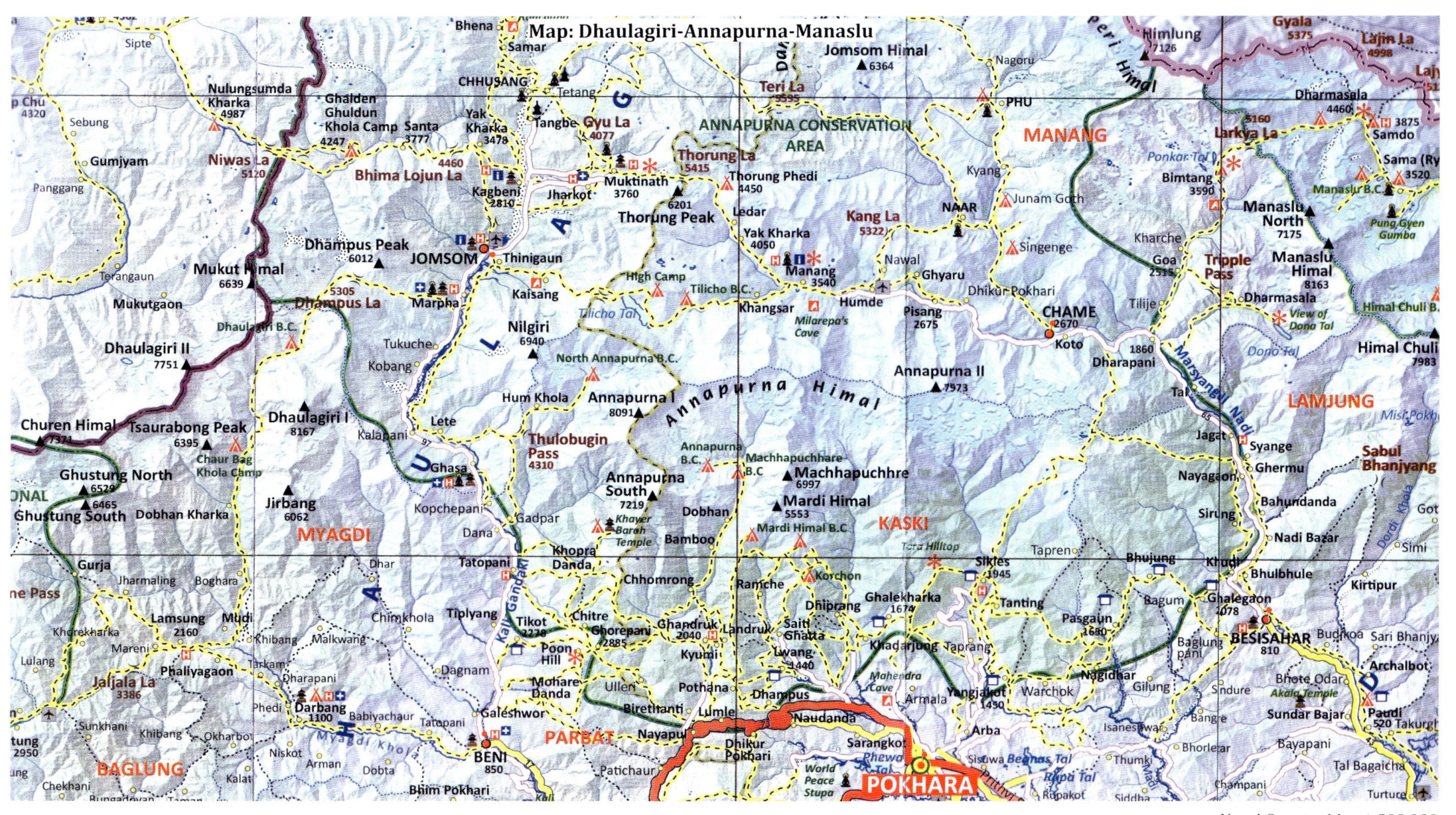

Map: Dhaulagiri-Annapurna-Manaslu

Nepal Country Map 1:500,000

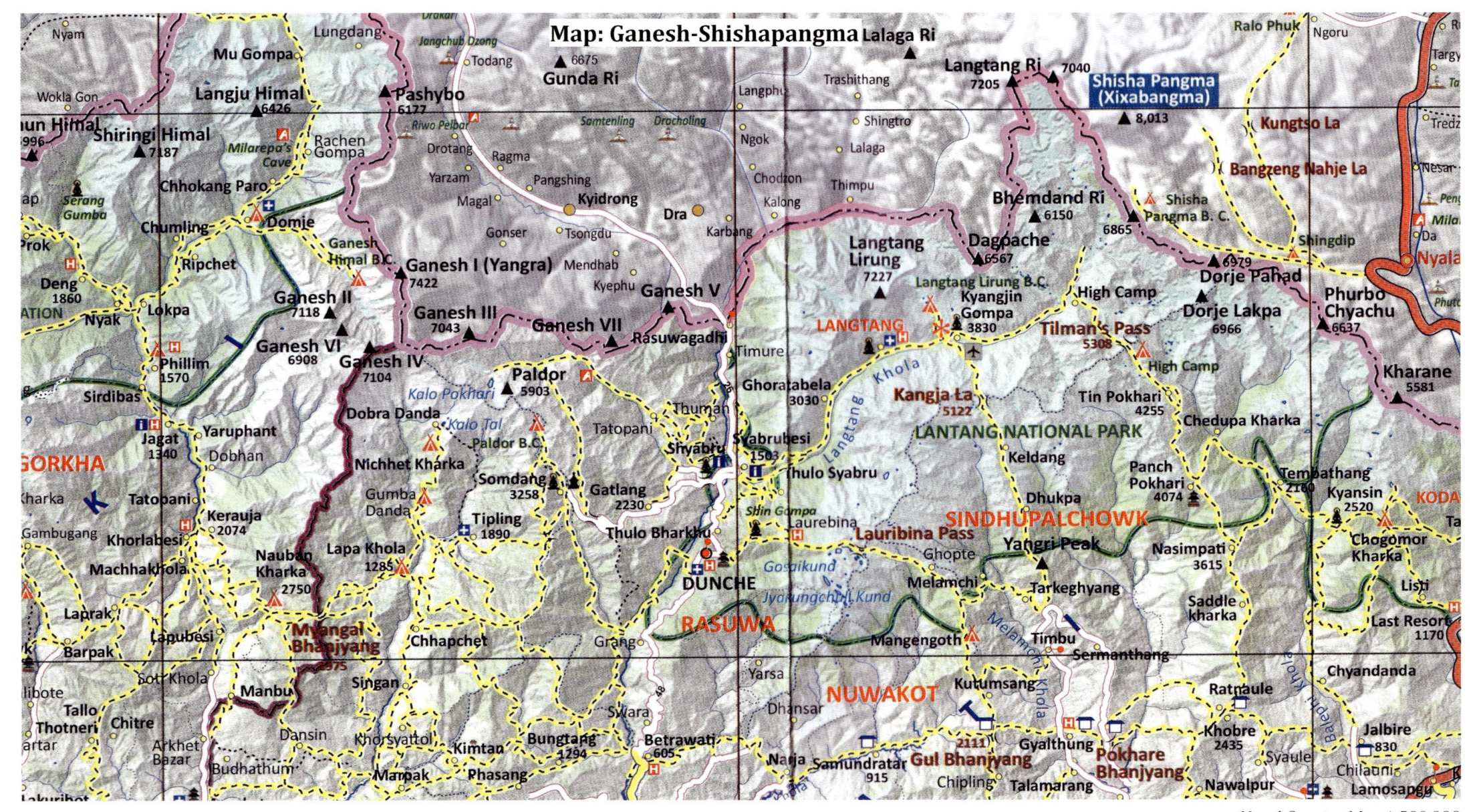

Map: Ganesh-Shishapangma

Nepal Country Map 1:500,000

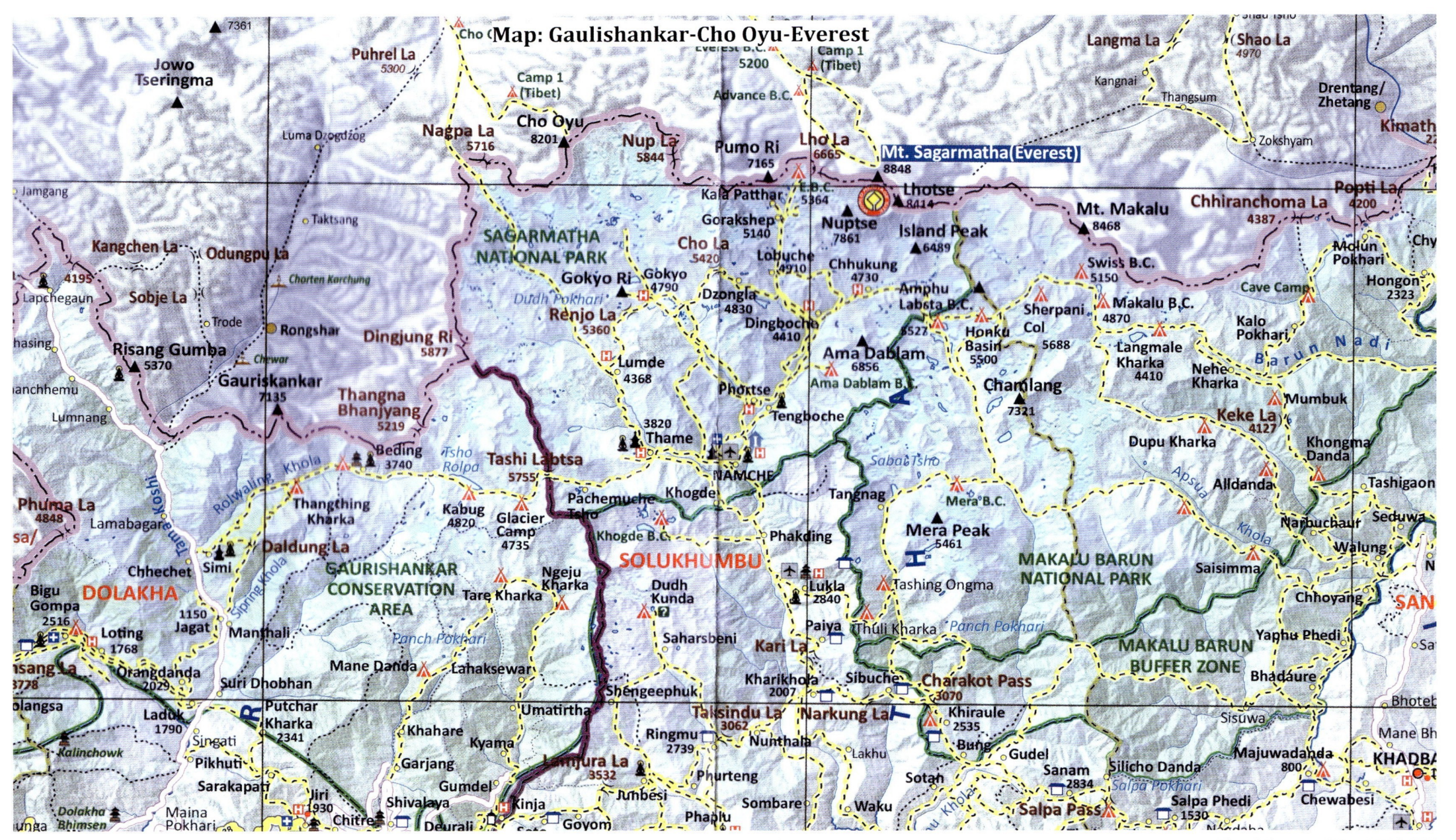

Map: Gaulishankar-Cho Oyu-Everest

Nepal Country Map 1:500,000

Dhaulagiri I 8167m

Viewed from flight
Pokhara - Jomsom

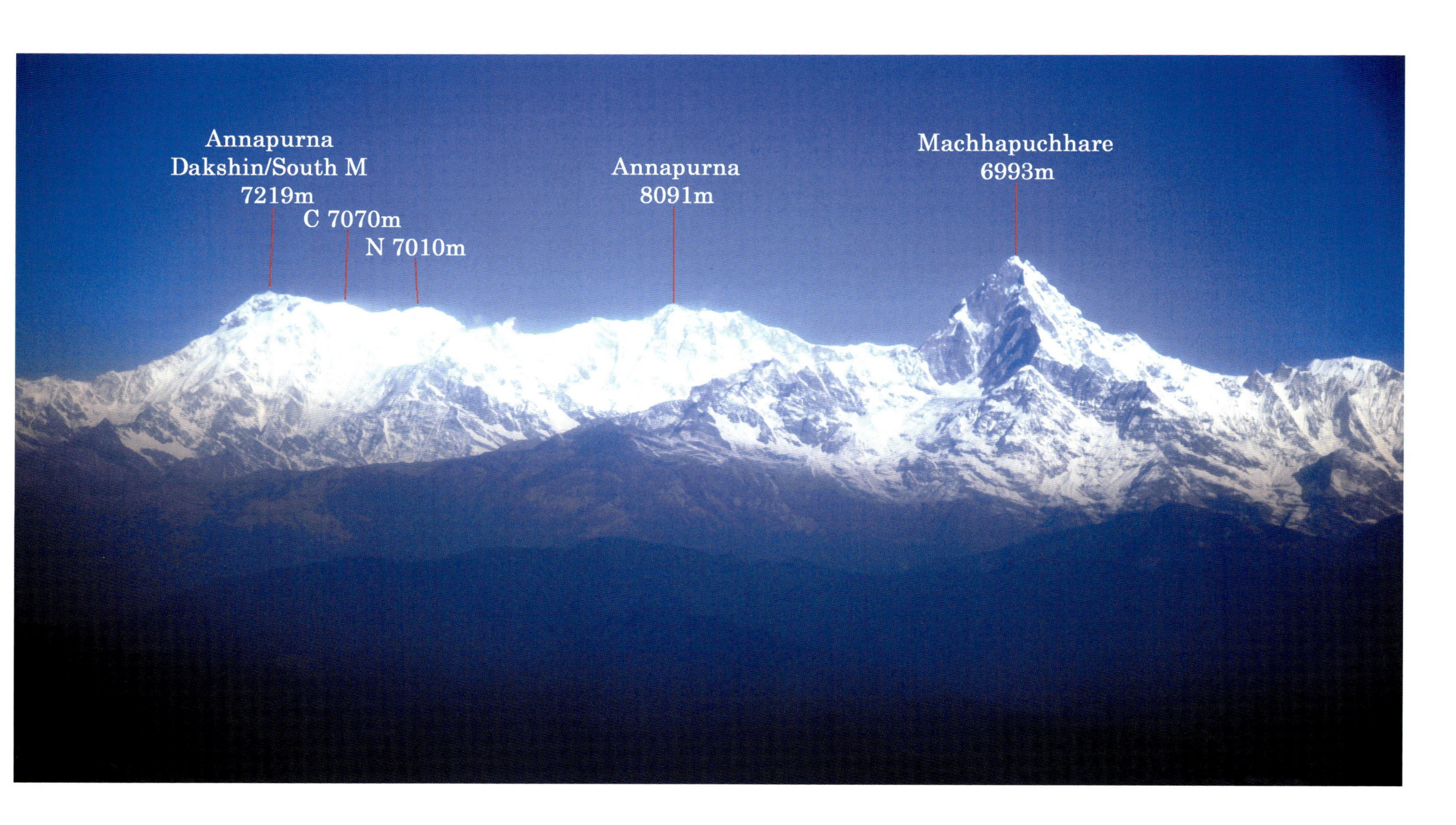

Annapurna
Dakshin/South M
7219m
C 7070m
N 7010m

Annapurna
8091m

Machhapuchhare
6993m

Annapurna IV
7525m

Annapurna II
7937m

Lamjung Himal
6983m

Annapurna II
7937m

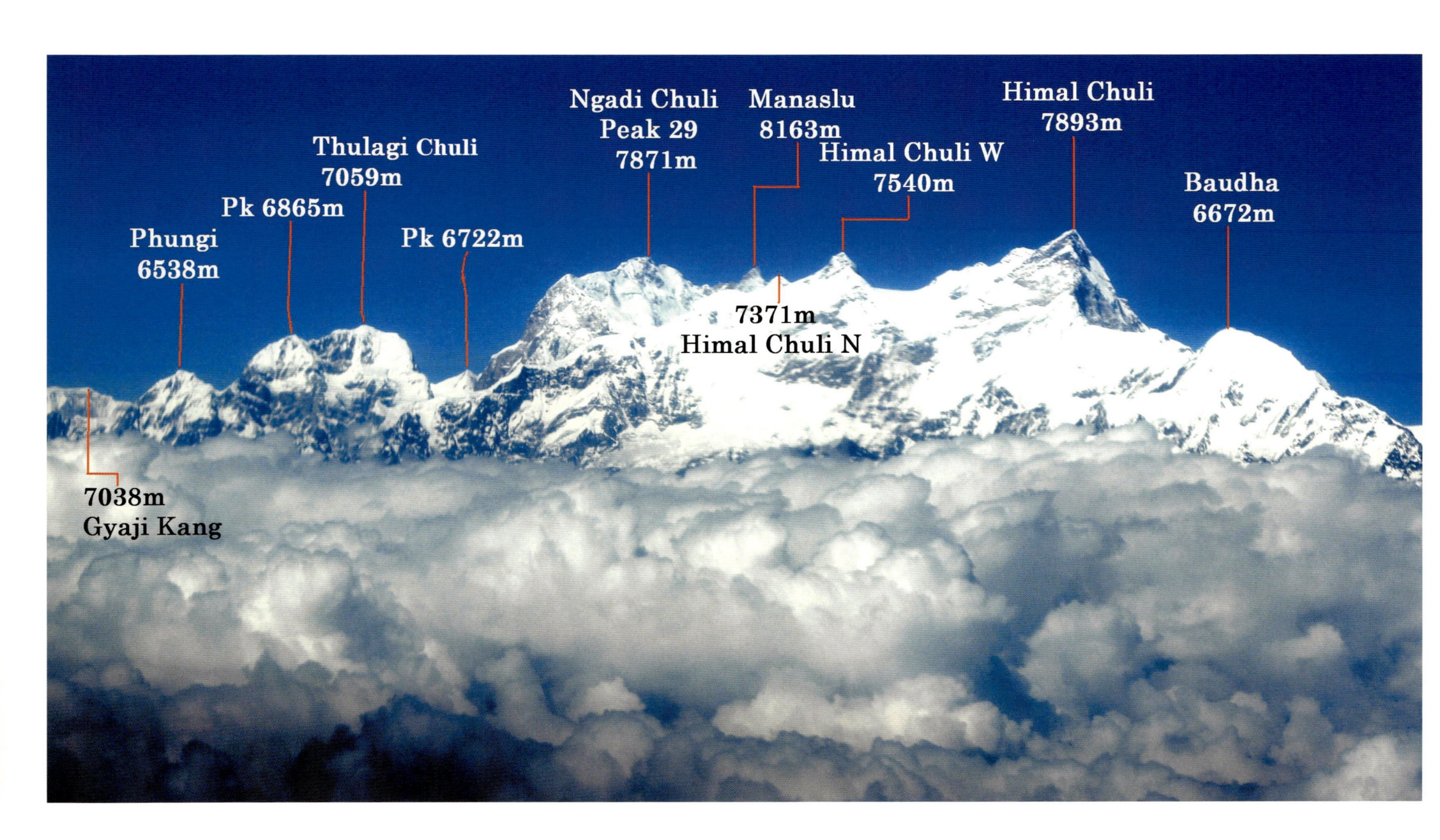

Phungi
6538m

Pk 6865m

Thulagi Chuli
7059m

Pk 6722m

7038m
Gyaji Kang

Ngadi Chuli
Peak 29
7871m

Manaslu
8163m

Himal Chuli W
7540m

7371m
Himal Chuli N

Himal Chuli
7893m

Baudha
6672m

Thulagi
7059m

Pk6865m

Manaslu
8163m

Ngadi Chuli (PK29)
7871m

Himal Chuli N
7331m

Himal Chuli W
7540m

Himal Chuli
7893m

Manaslu
8163m

Ngadi Chuli (PK29)
7871m

Pk 6008m

Pk 6030m

Lumbo Himal
6250m

Ganesh II
7118m

Ganesh VI
6908m

Pabil
Ganesh IV
7104m

Yangra
Ganesh I
7422m

Ganesh III
7043m

Ganesh V
6770m

Pk 6008m Pk 6030m Lumbo Himal 6250m

Langtang Lirung
7227m

Kingshun
6781m

Yabra
6264m

Langtang II
(Ghenge Liru)
6596m

Langtang Lirung
7227m

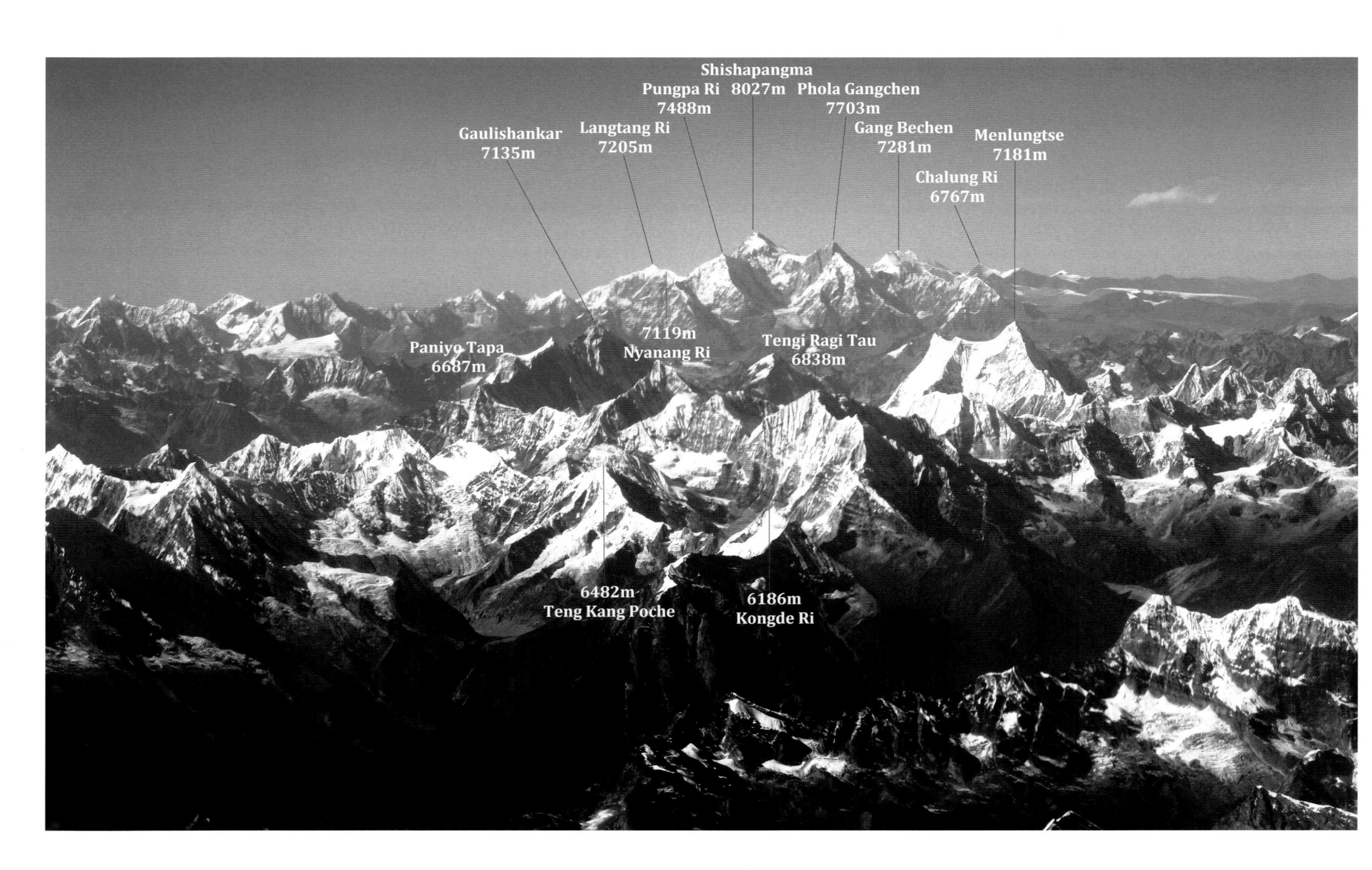

Shishapangma
Pungpa Ri 8027m Phola Gangchen
7488m   7703m

Gaulishankar Langtang Ri
7135m   7205m   Gang Bechen
                                          7281m   Menlungtse
                                                          7181m

                                                  Chalung Ri
                                                  6767m

                                        Tengi Ragi Tau
          Paniyo Tapa   7119m   6838m
          6687m   Nyanang Ri

                      6482m   6186m
                      Teng Kang Poche Kongde Ri

Shishapangma
8027m

Gurkarpo Ri
6889m

Dorje Lhakpa
6966m

Phurbi Chhyachu
6637m

Dorje Lhakpa
6966m

Phurbi Chhyachu
6637m

Menlungtse
7181m

Cho Oyu
8201m

Gyachung Kang
7952m

Cho Oyu
8210m

Everest
Lhotse (Sagarmatha)
8516m   8848m

Lapche kang
7367m Lapche Kang II
7250m

Ngojumba Kang
7916m

Gyachung Kang
7952m

Lhotse
Shar
8400m

Lapche Kang W
7072m

Ngojumba Kang II
7743m

Nuptse
7855m

Colangma
6952m

Pk 7080m

Ngojumba
Kang III
7681m

Pk 6900m

Pk 6850m

Shar Tse
7591m

Shar Tse II
7457m

Pk 6585m

Pk 6850m

Gurkiang
6360m

Lixin Ri
7018m

Pk 7071m

Pk 6295m

Hunchhi
7029m   Pk 6942m

Pethan Tse
6739m

Cholatse
6335m

7350m
Cho Aui

Ama Dablam
6814m

7282m
Chamar

7321m Nampaigonsum II

6859m
Chumbu

7138m
Pumori

Baruntse
7152m

Cho Polu
6700m

Pk 6402m

6125m
Nirekha Peak

Pk 7287m

Pk 6435m

6348m
Ombigaichan

Pk 6525m
Pk 6500m

Num Ri 6635m

Pk 6232m

Pk 6202m

Pk 6752m

6833m
Honguku Chuli

Pk 6478m

6736m
Peak IV

Tutse
6758m

— 48 —

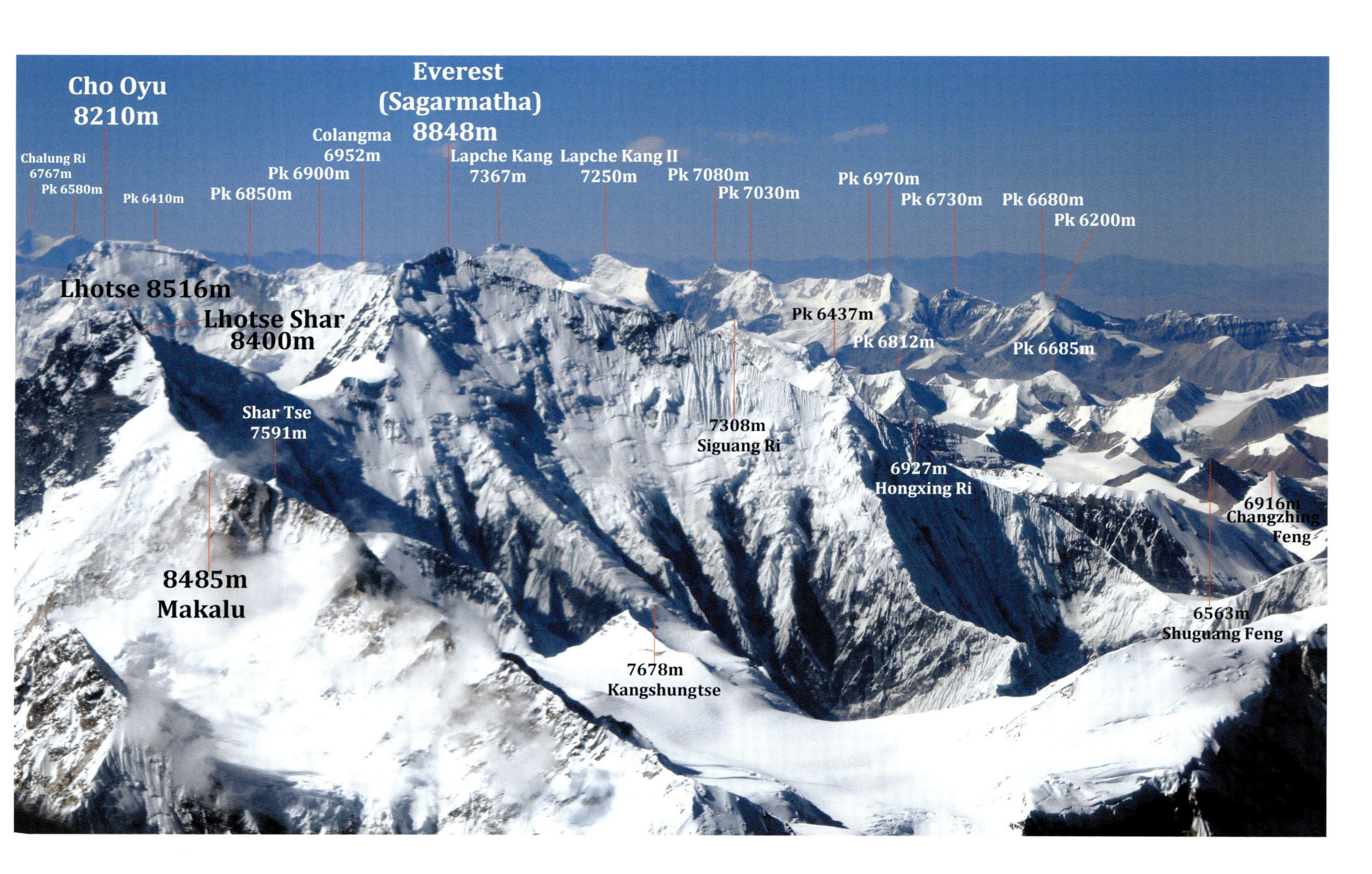

Nuptse
7864m

Everest
8848m

Lhotse
8516m

Lhotse Shar
8400m

Ngojumba Kang
I-7916m
II 7743m
III 7681m

Gyachung Kang
7952m

Loinbo Kangri
7095m

Lhotse
8516m

Lhotse
Shar
8400m

Everest
(Sagarmatha)
8848m

Gurkiang
6275m

Zangla
6495m

Makalu
8485m

Lixin Ri
7018m

Pk 6877m

Kharta Phu
7213m

Dongfang Feng
6966m   Pk 6948m

Kharta Changri
7056m

7855m
Nuptse

Cho polu
6700m

7591m
Shar Tse

7457m
Shar Tse II

Pk 7013m

7816m
Chomo Lonzo

6685m
Num Ri

Pk 6232m

Pk 6485m

Pk 6432m

Peak III
6422m   Saldim W
6388m

Peak V
6374m

Lhotse
8516m

Everest
8848m

Cho Oyu
8201m

Shishapangma
8027m

Lhotse Shar
8400m

Gauli Shankar
7135m

Gyachung Kang
7952m

Himal Chuli
7893m

Shar Tse
(Peak 38)
7591m

Gauli Shankar S
7010m

Pumori
7161m

Changtse
7534m

Pasang Lhamu Chuli
7351m

Ngojunba Kang
7916m

Ganesh II
7118m

Yangra
7422m

Pungpa Ri
7445m

Pk 6478m

Hunchi
7029m

Nampaigosum 2

Chamar
7287m

Langtang Lirun
7227m

Pabil
7104m

Nyanang Ri
7119m

Lunag Ri 7321m
6895m

6865m
Penthang Karpo Ri

Siguang Ri
7380m Pk7002m

Pk 6868m

Rixin Ri
7080m

7213m
Karta P.

6851m
Jiangbing Ri

6916m
Changshong Feng

7004
Dongfang

Pk 6869m

Tuolakangboqie
6135m

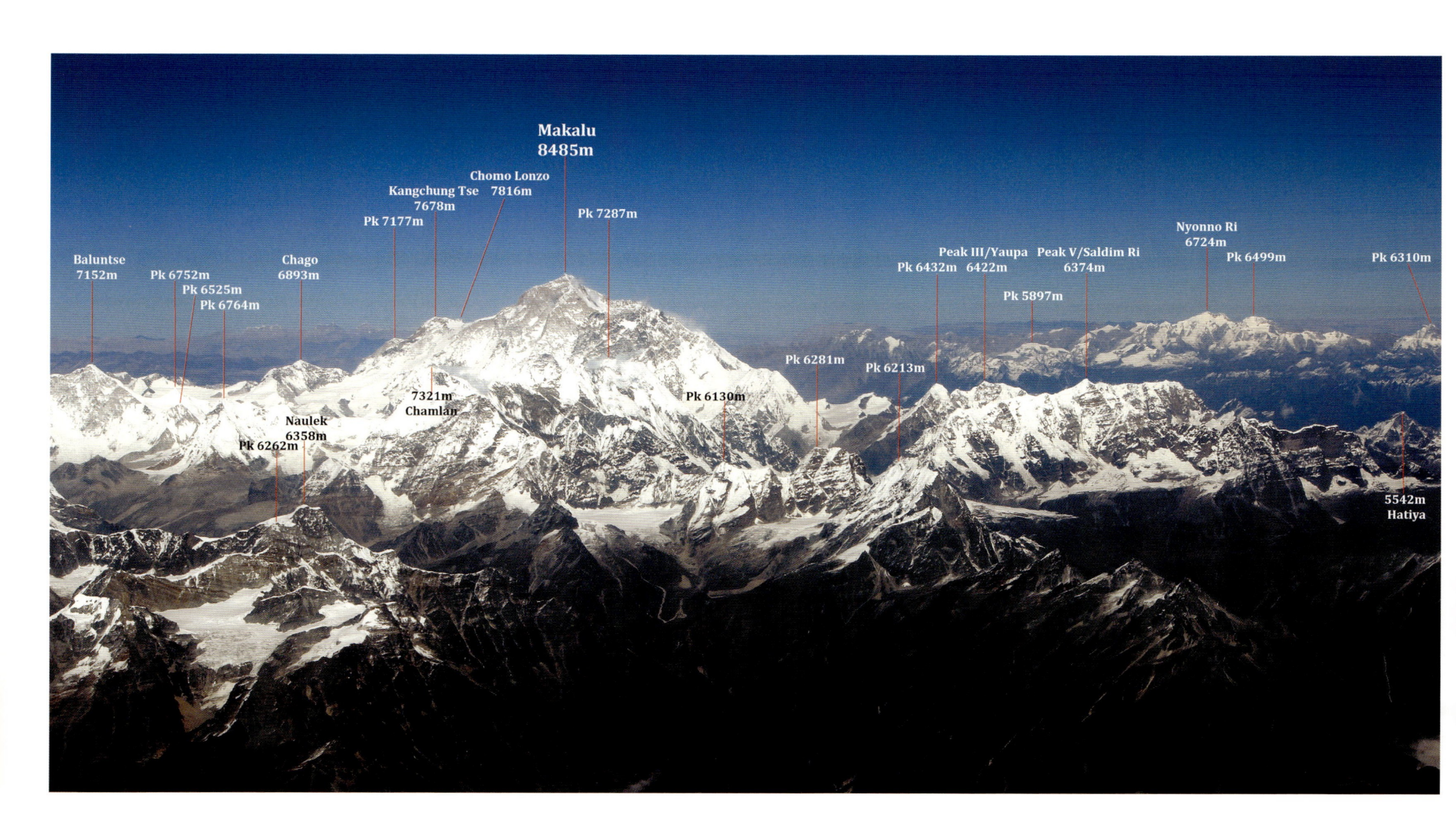

Makalu
8485m

Chomo Lonzo 7816m

Kangchung Tse 7678m

Pk 7177m

Pk 7287m

Nyonno Ri 6724m

Baluntse 7152m

Chago 6893m

Pk 6752m

Pk 6525m

Pk 6764m

Peak III/Yaupa 6422m

Peak V/Saldim Ri 6374m

Pk 6499m

Pk 6310m

Pk 6432m

Pk 5897m

Naulek 6358m

Pk 6262m

7321m Chamlan

Pk 6130m

Pk 6281m

Pk 6213m

5542m Hatiya

Makalu
8485m

Chomo Lonzo
7816m

Kangchung Tse
7678m

7321m
Chamlan

Pk 7287m

Pk 6130m

Pk 6281m

Pk 6213m

Pk 5897m

Pk 5872m

Hatia
5542m

Nyonno Ri
6724m

Pk 6499m

Pk 6310m

Ama Drime
6669m

Pk 6475m

Peaks are in Tibetan side NE of Makalu
(Photo taken from flight:KTM to Chengdu)

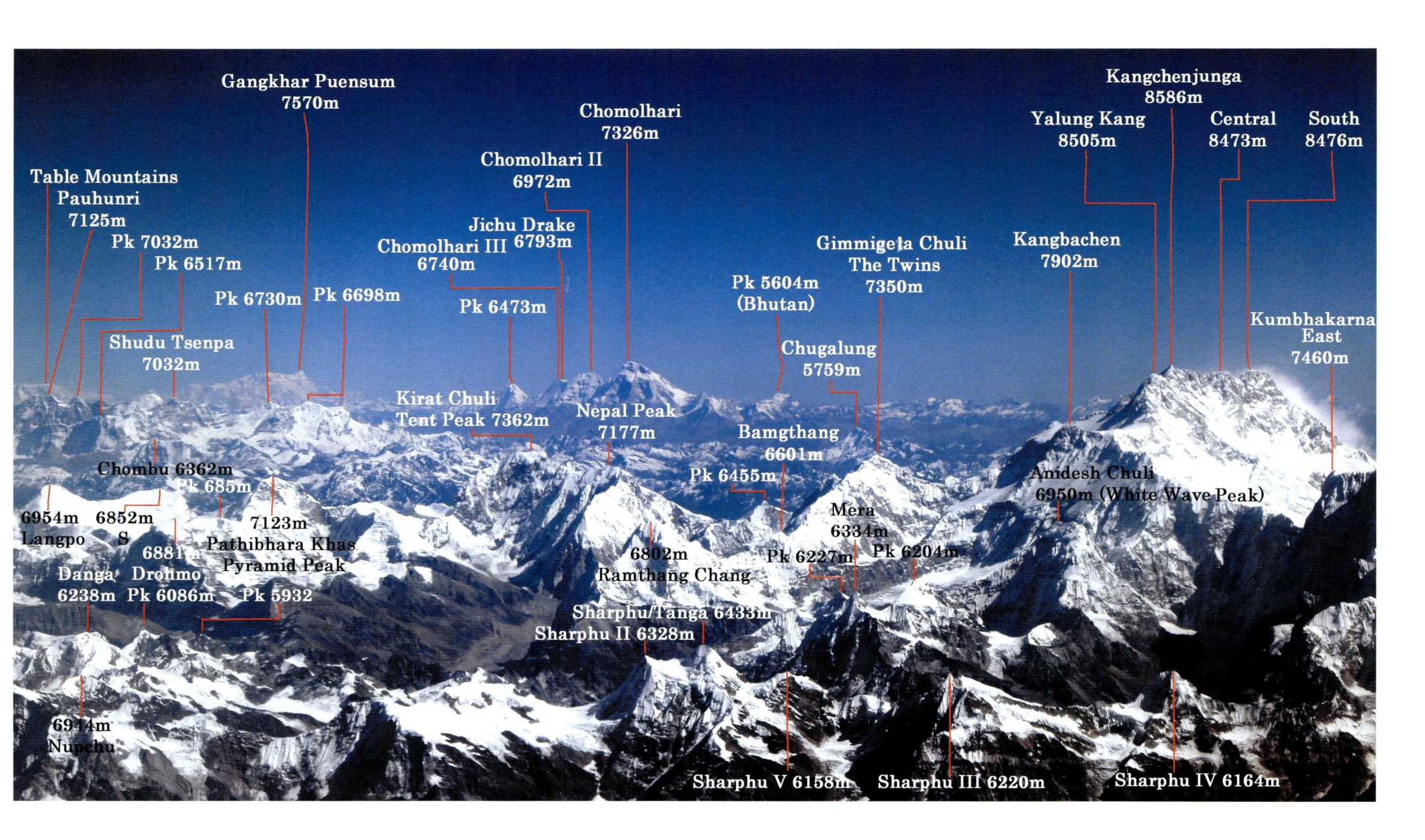

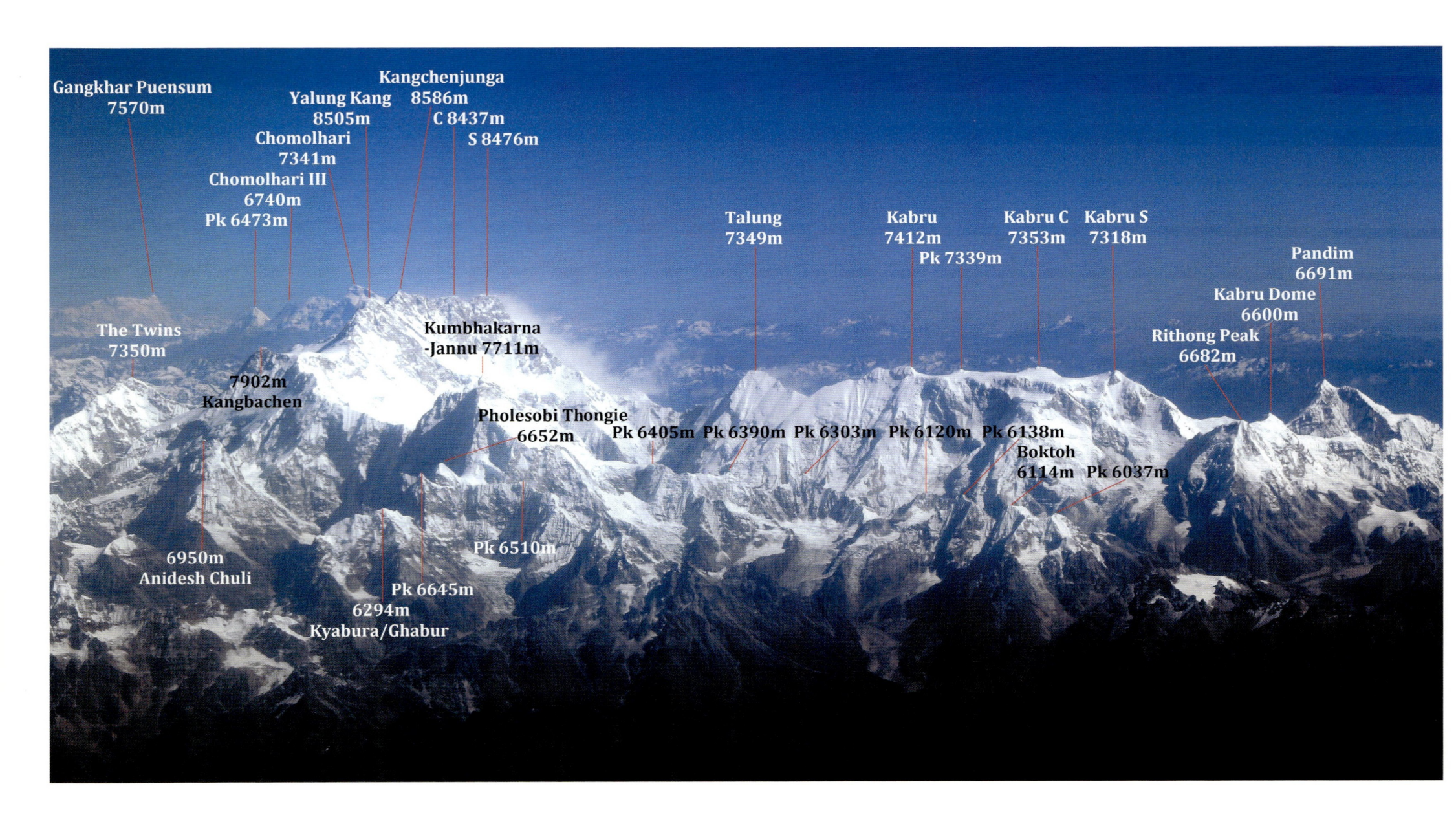

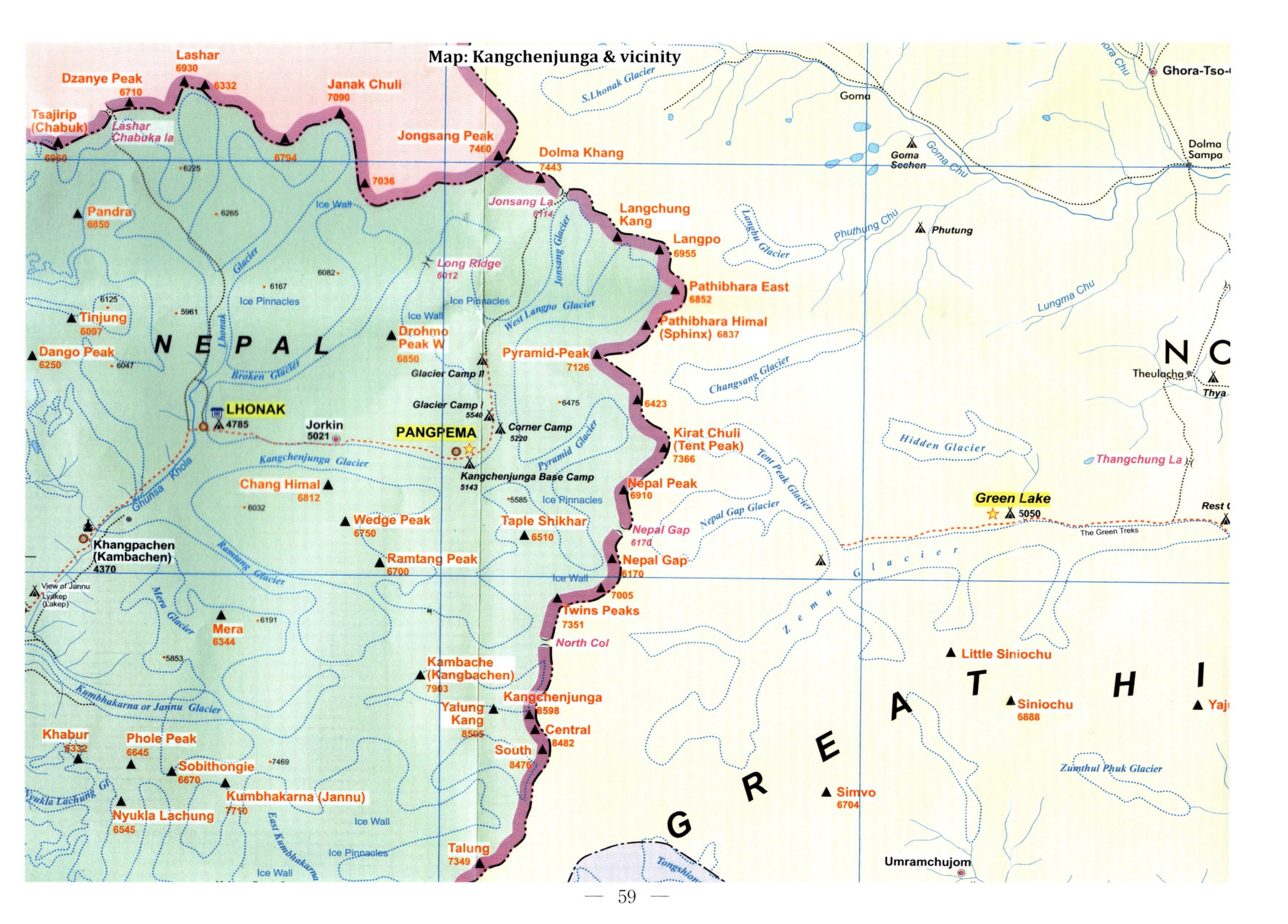

Map: Kangchenjunga & vicinity

Siniolchu
6887m

Peak Lhu
4915m

Simvo III
6671m

Simvo IV
6587m

Simvo II
6811m

Simvo
6812m

Kirat Chuli/Tent Peak
7362m Nepal Peak
7177m

Gimmigela II
7007m

Kangchenjunga
8586m

W/Yalung Kang
8505m

C/8473m

Kangbachen
7902m

Ramthang Chang
(Wedge Peak)
6802m

Drohmo
6881m

Outlier/Janak Chuli
7041m

6341m
Taple Shikhar

6954m
Langpo
Peak

Lhonak Peak
6710m

6680m
Kellas Peak

6927m

Pk 6550m

Chorten Nyima Ri

Pk 6355m
West of
Chorten
Nyima La

Pk 6744m

Pk 6803m

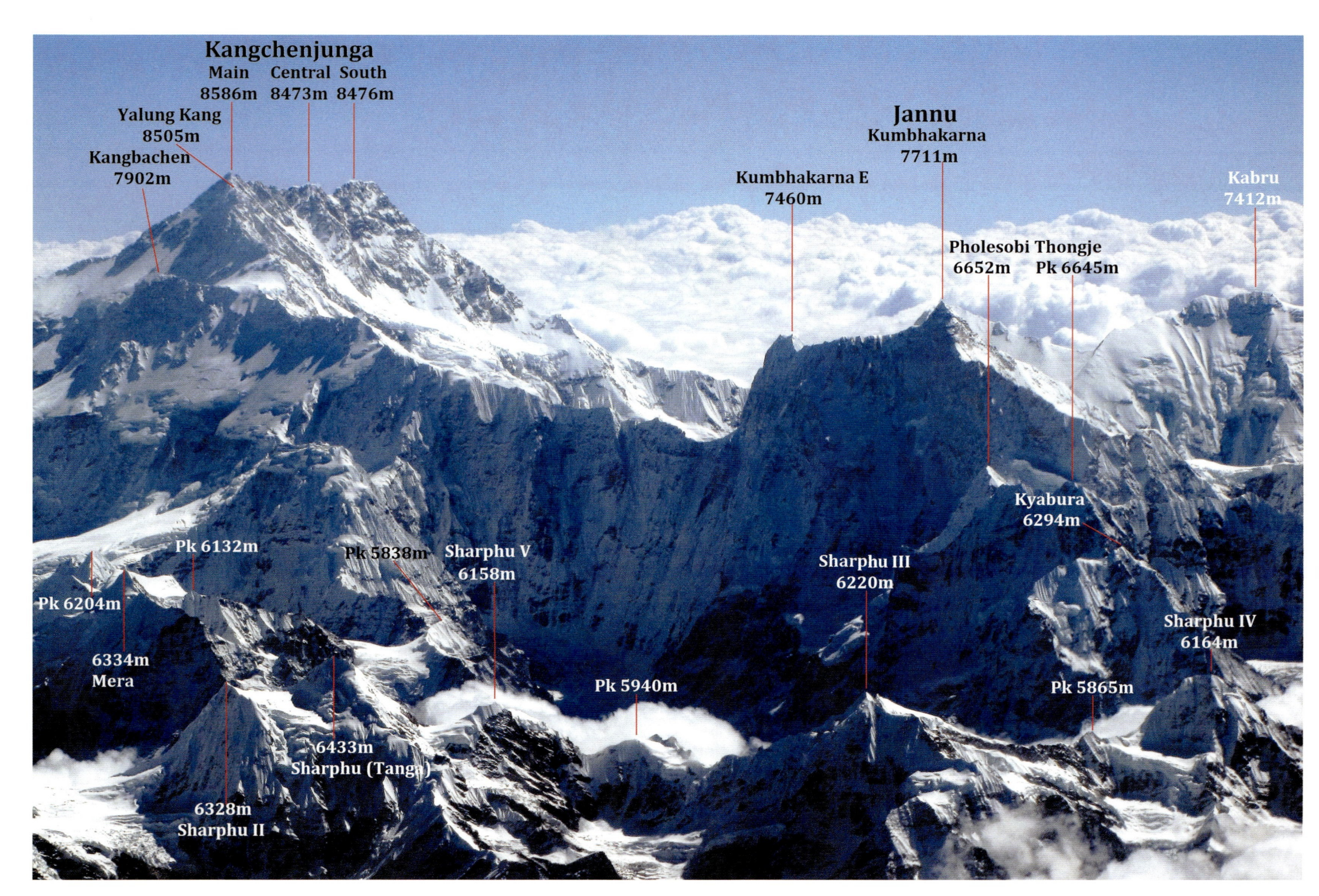

Kangchenjunga
Main Central South
8586m 8473m 8476m

Yalung Kang
8505m

Kangbachen
7902m

Jannu
Kumbhakarna
7711m

Kumbhakarna E
7460m

Kabru
7412m

Pholesobi Thongje
6652m Pk 6645m

Kyabura
6294m

Pk 6132m

Pk 5838m Sharphu V
6158m

Sharphu III
6220m

Pk 6204m

Sharphu IV
6164m

6334m
Mera

Pk 5940m

Pk 5865m

6433m
Sharphu (Tang)

6328m
Sharphu II

Pyramid Peak
7140m

Kirat Chuli
(Tent Peak)
7362m

Nepal Peak
7177m

Shiniolchu
6887m

Gimmigela Chuli
(The Twins)
7350m

Taple Shikhar
6447m

Little Siniolchu
6538m

Pk 6684m

Pk 6630m

Pk 6855m

Nepal Gyap
6194m

Ramthang
Chang 6802m

Drohmo 6881m

Pk 5925m

Pk 6095m

Tengkoma
6215m

Pk 6114m

Pk 6164m

Pk 6275m

Pk 6085m

6415m
Gimmigela

Pk 6163m Pk 5912m

Pk 6200m

Pk 6086m

Danga
6238m

Pk 6097m

6673m
Pandra

Pk 6263m

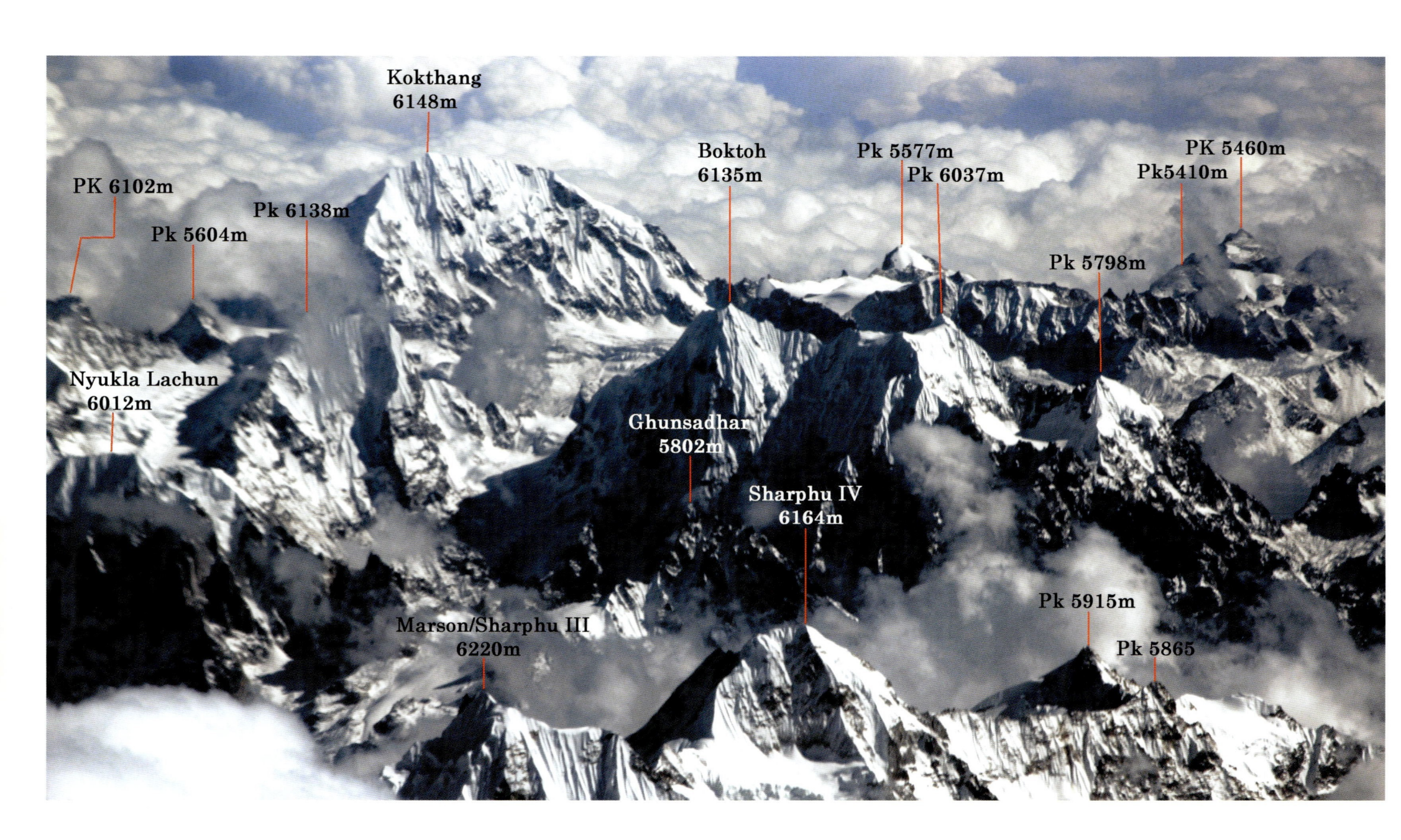

Kokthang
6148m

Boktoh
6135m

Pk 5577m

Pk 6037m

PK 5460m

Pk5410m

PK 6102m

Pk 6138m

Pk 5604m

Pk 5798m

Nyukla Lachun
6012m

Ghunsadhar
5802m

Sharphu IV
6164m

Marson/Sharphu III
6220m

Pk 5915m

Pk 5865

Kangchenjunga
S   C   M
8476m 8473m 8586m

Kumbhakarna
-Jannu 7711m

Zemu Peak
7730m

7784m

Gimmigela
(The Twins)

Talung
7349m

7460m

7350m

7007m

Siniolchu
6887m

Simvu group

Flight from Palo (Bhutan) to Bangkok

Part 4. North Sikkim
(Kathmandu~Lhasa/Chengdu)

Siniolchu, Jongsang Peak

Chomo Yummo, Gurudongmar

Kangchengyao

Pauhunri, Shude Tsenpa

Chomolhari, Jitchu Drake, Kangphu Kang

Siniolchu
6887m

Jongsang Peak 7483m

(not aerial view)
Photo taken by
Yoshio Ogata

SIKKIM MAP

NEPA MAPS
FOR EXTREME · SOFT TREKKING AND CLIMBING

CHINA (TIBET)

NA (TIBET)

Kongra La

Mindo

Tsak La
(Chhulung La)

Chomdo
5384

Bam-tso-La

Lumgma La
5757

Chhoilung

Phungenkhapshak

Say Say La
5375

Gya-tso-na

Lungma

Chumbu Chu

Mashya

La
5486

Oakra

Kambe

Leten

Cheora

Yumtso

Rerang

Chumuyulmo Khang

Dangthung

Yuum Tso
(Gurudongmar Tso)
5183

Khha-ring

Olo

Khongnyangma
5761

Nakpolatok

Lachho

Tso Lhamo
5100

Khongnyangma La

Gyaogang

Teesta River

Khabgchung Tso

ku

Khangchengyao
6783

Chhumakhang

Gurudongmar
6610

Gogong

GyapsheTso

Sangle Phu Tso

Donkya La
5518

K I M (I N D I A)

Yelhekhacha

Ramthangpu Tso

Pauhunri
(Lonpo Kyangzong)
7016

Lapchaten

Sebu La
5345

Gyankaphagon

Phalung

Zadong
4887

Dongkya Chu

Khang Kyong

Yongdi

Sebu Tso

unk La

Tsoptah

Lasha Chu

Yume Samdong

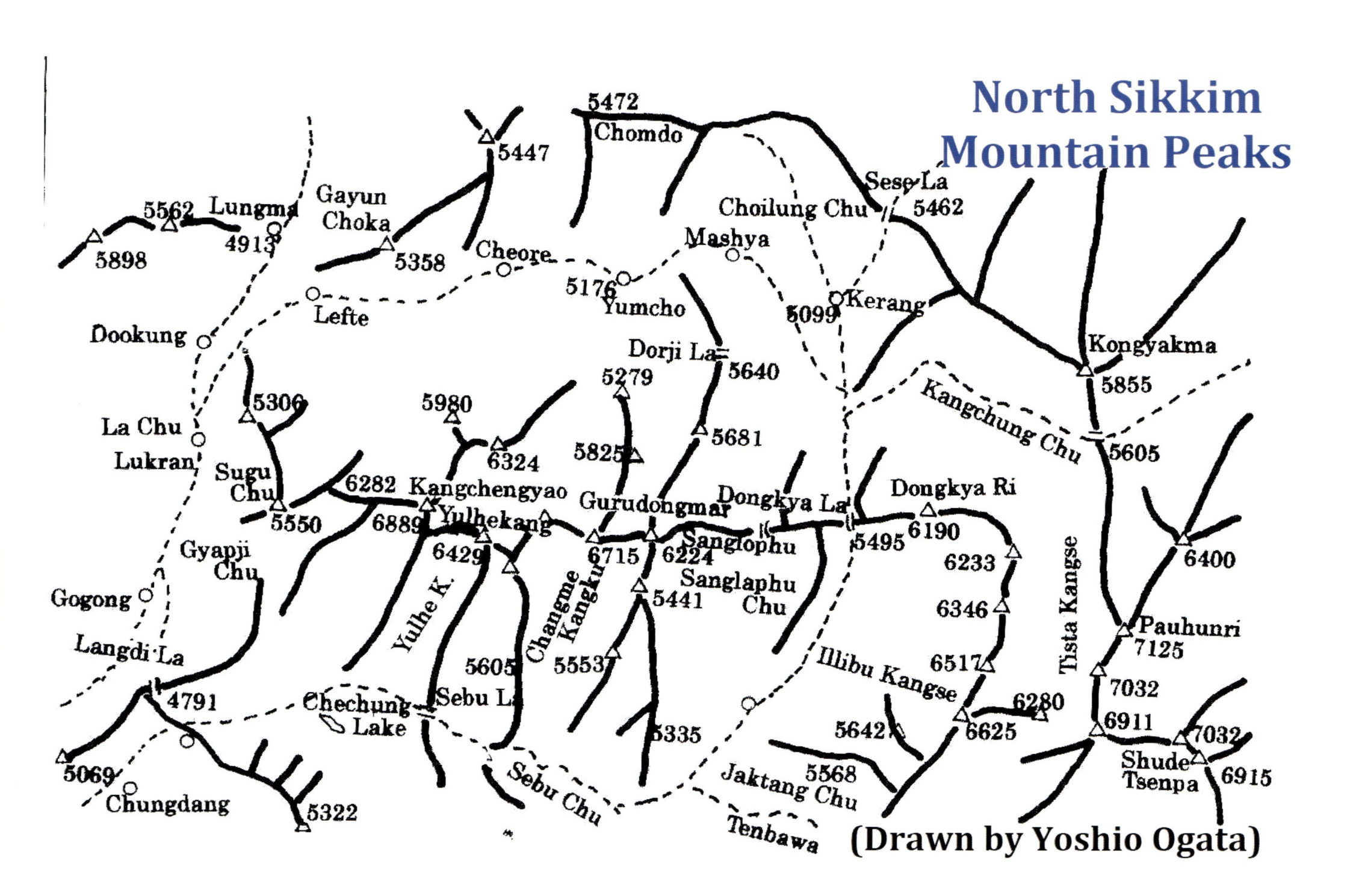

North Sikkim Mountain Peaks

(Drawn by Yoshio Ogata)

Gurudongmar
6715m

Chumapu
Pk5278m

Pk6630m

Yulhekang
6429m

Kangchengyao
6889m

Chombu
6362m

Pk6019m

Pk5940m

Pk5840m+

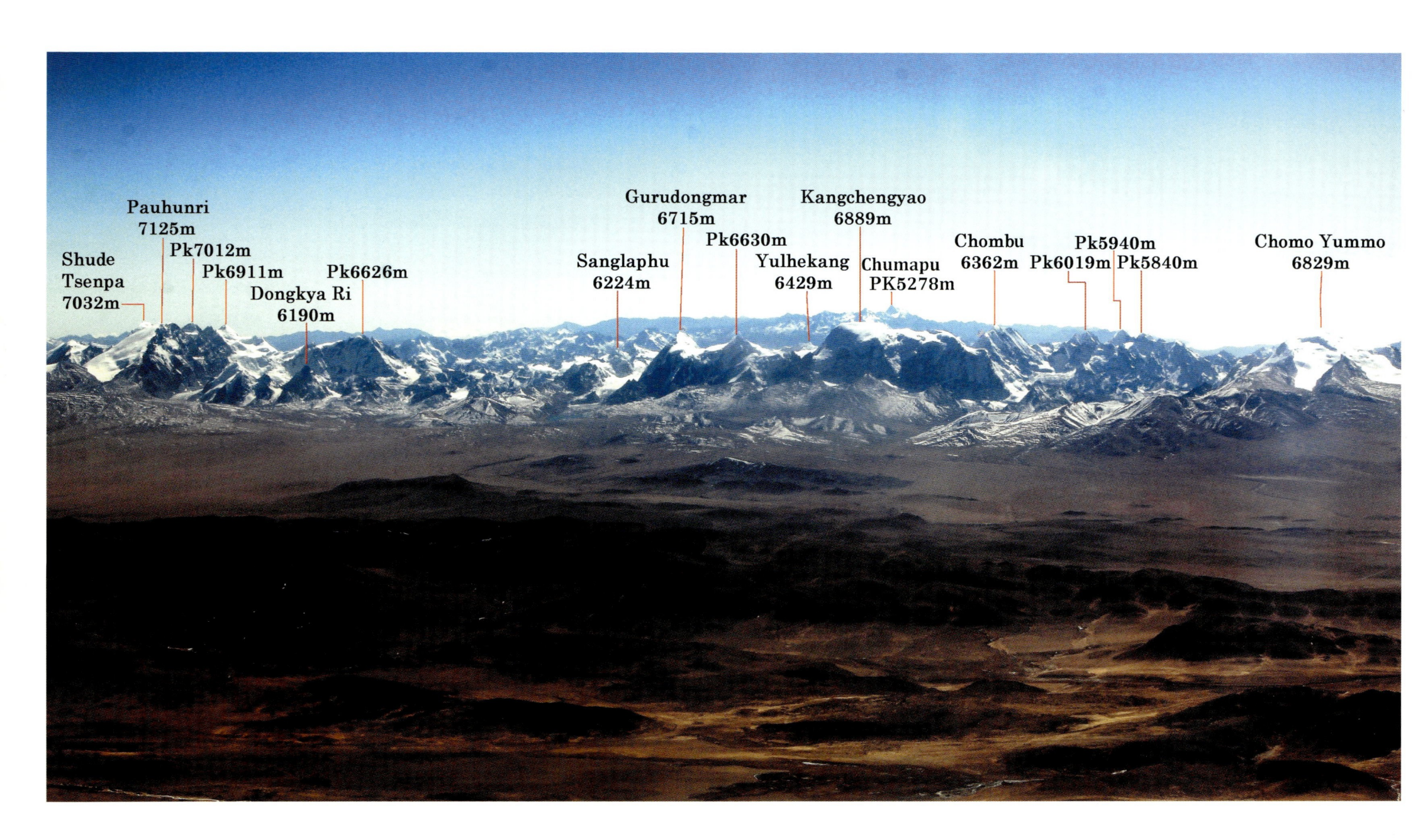

Shude
Tsenpa
7032m

Pauhunri
7125m

Pk7012m

Pk6911m

Dongkya Ri
6190m

Pk6626m

Sanglaphu
6224m

Gurudongmar
6715m

Pk6630m

Yulhekang
6429m

Kangchengyao
6889m

Chumapu
PK5278m

Chombu
6362m

Pk6019m

Pk5940m

Pk5840m

Chomo Yummo
6829m

Gurudongmar 6715m

Photo taken at Lake Gurudongmar by Harish Kapadia

Pauhunri
Shude Tsenpa 7125m
7032m
Pk7032m
Pk6911m
Pk6698m

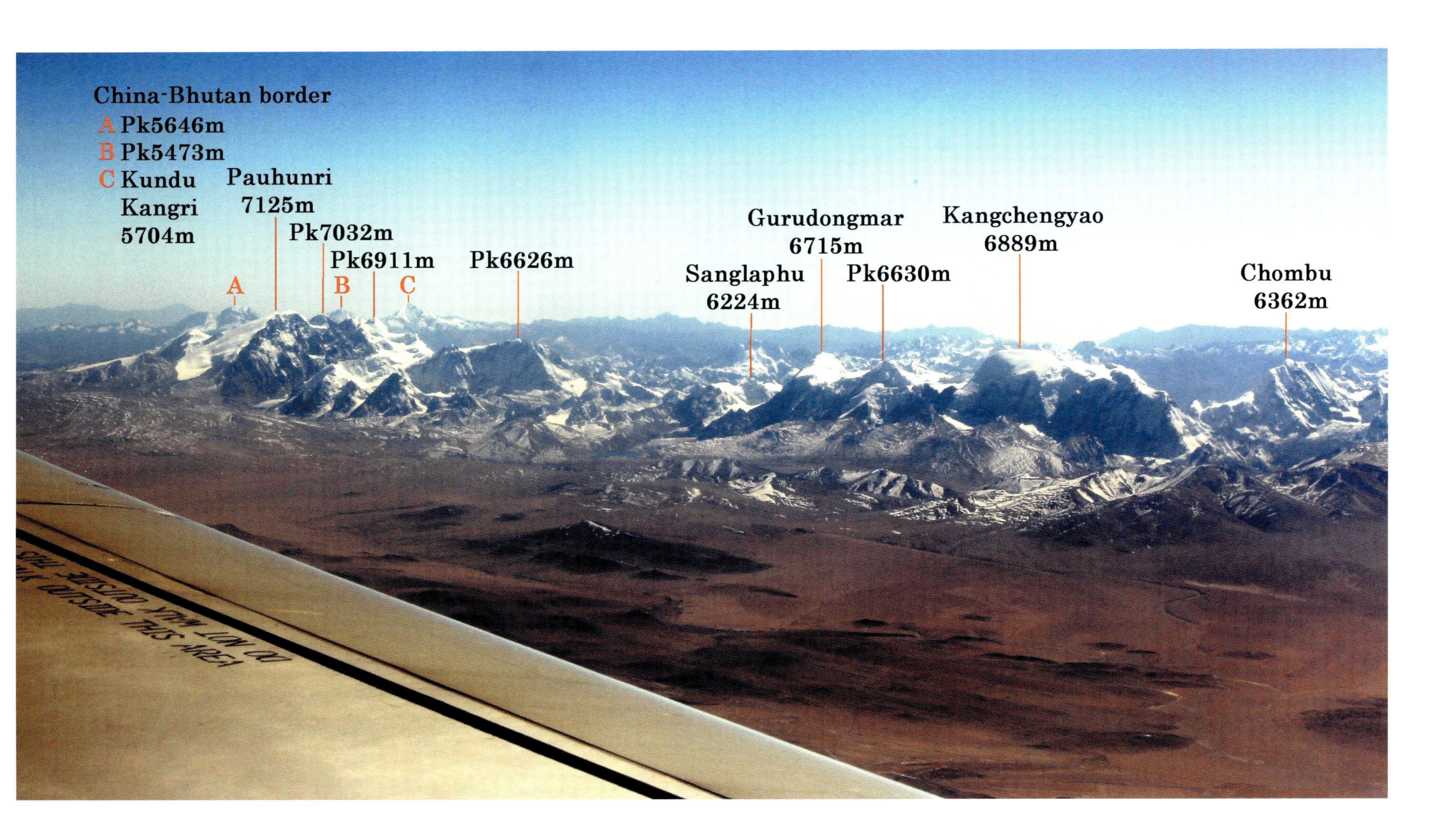

China-Bhutan border
A Pk5646m
B Pk5473m
C Kundu Kangri 5704m
Pauhunri 7125m
Pk7032m
Pk6911m
Pk6626m
Sanglaphu 6224m
Gurudongmar 6715m
Pk6630m
Kangchengyao 6889m
Chombu 6362m

Chombu
6362m

Chomo Yummo
6829m

Pk6019m

China border
5473m

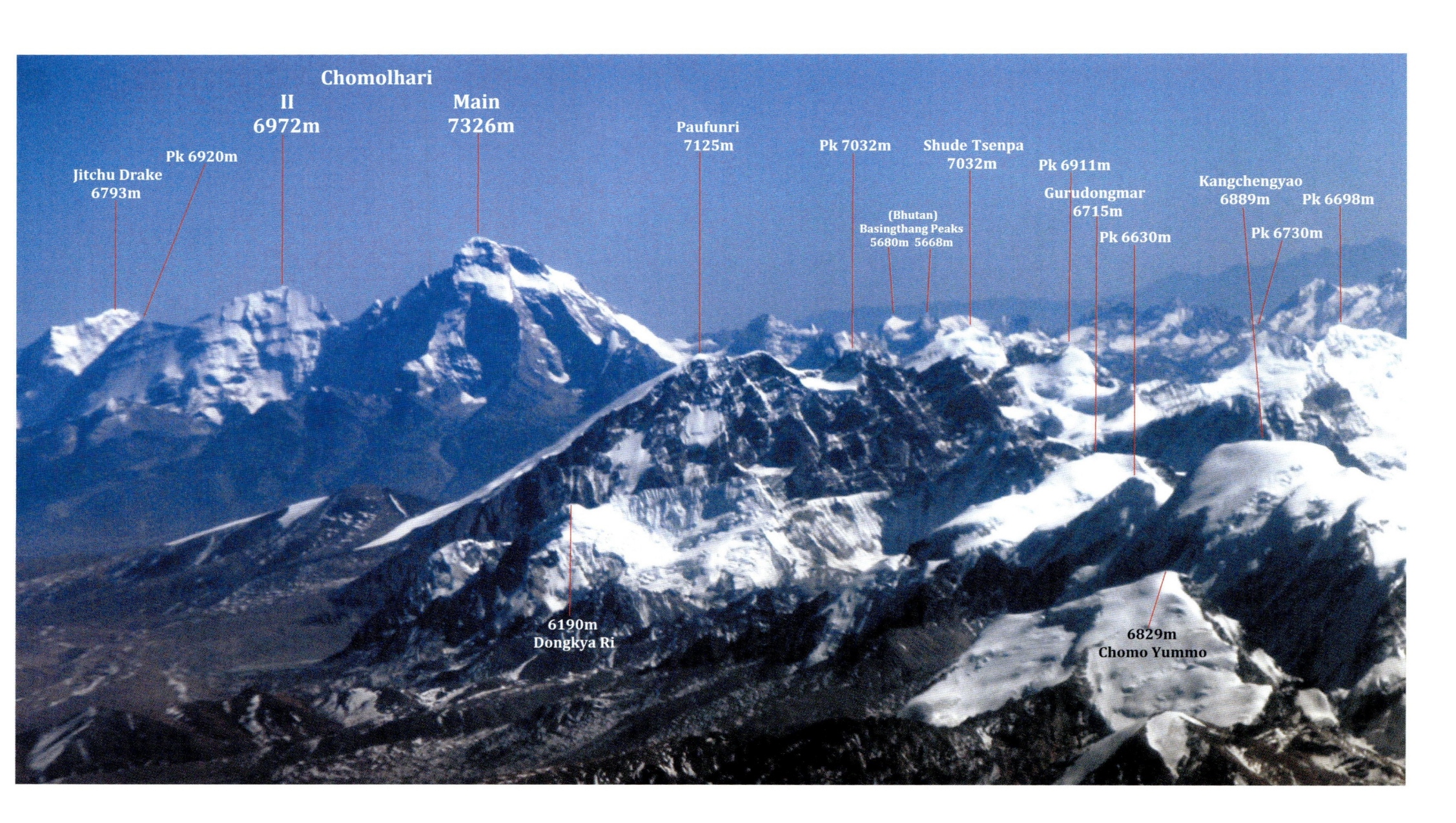

Chomolhari
II
6972m
Main
7326m
Pk 6920m
Jitchu Drake
6793m
Paufunri
7125m
Pk 7032m
Shude Tsenpa
7032m
Pk 6911m
Gurudongmar
6715m
Kangchengyao
6889m
Pk 6698m
(Bhutan)
Basingthang Peaks
5680m 5668m
Pk 6630m
Pk 6730m
6190m
Dongkya Ri
6829m
Chomo Yummo

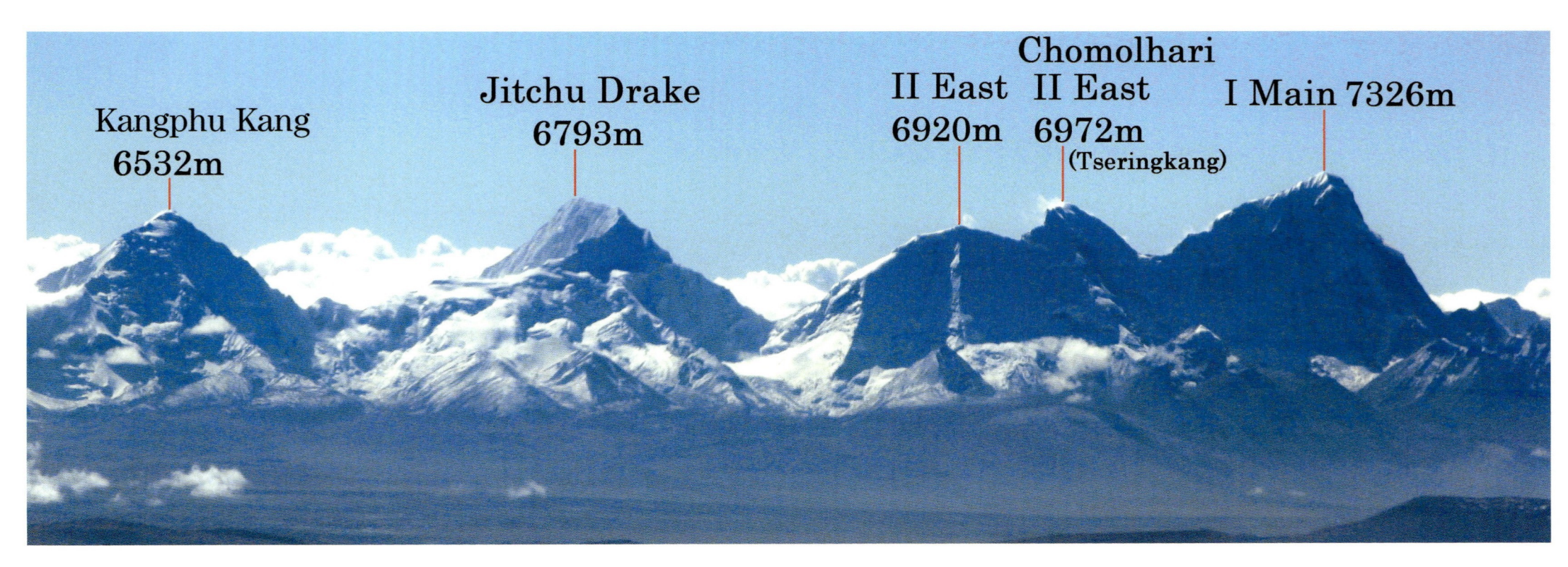

Kangphu Kang
6532m

Jitchu Drake
6793m

Chomolhari

II East
6920m

II East
6972m
(Tseringkang)

I Main 7326m

Photo: Wuri Wusa

Chomolhari
7326m

Jitchu Drake
6793m

Kangphu Kang
6532m

Flight from Palo (Bhutan) to Kathmandu

Part 5. Tibet–Bhutan Border
(Kathmandu~Lhasa/Chengdu)

Kangcheda, Masa Gang, Teri Kang

Tsenda Kang West, Tongshangjiabu

Jejekangpu Kang, Kangpu Kang

Liangkang Kangri, Gangkhar Puensum

Kulha Kangri, Karejiang, Monda Kangri

Kaluxung, Noijingkangsang

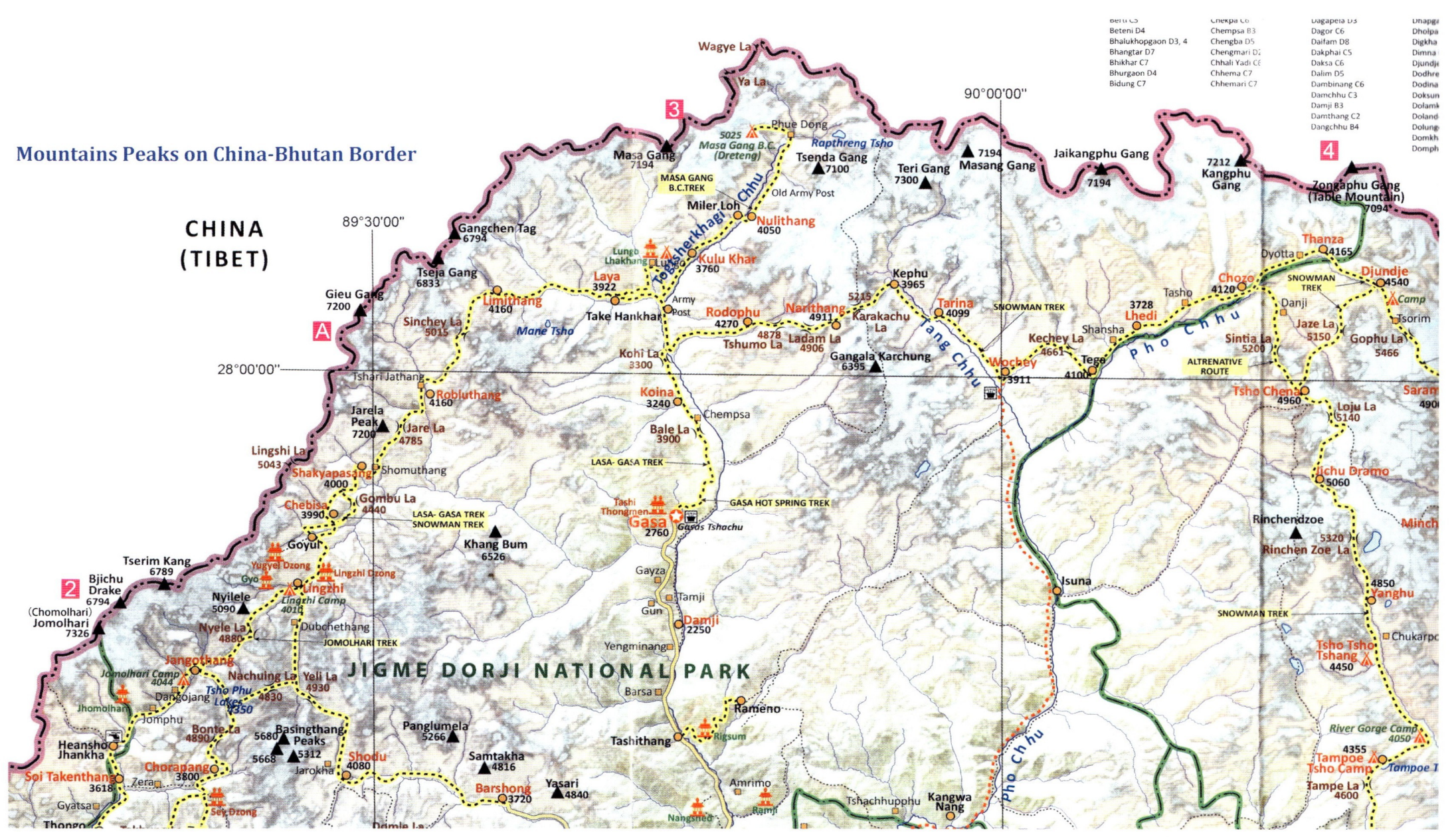

Mountains Peaks on China-Bhutan Border

Map of Northwest Bhutan published in Nepal

— 83 —

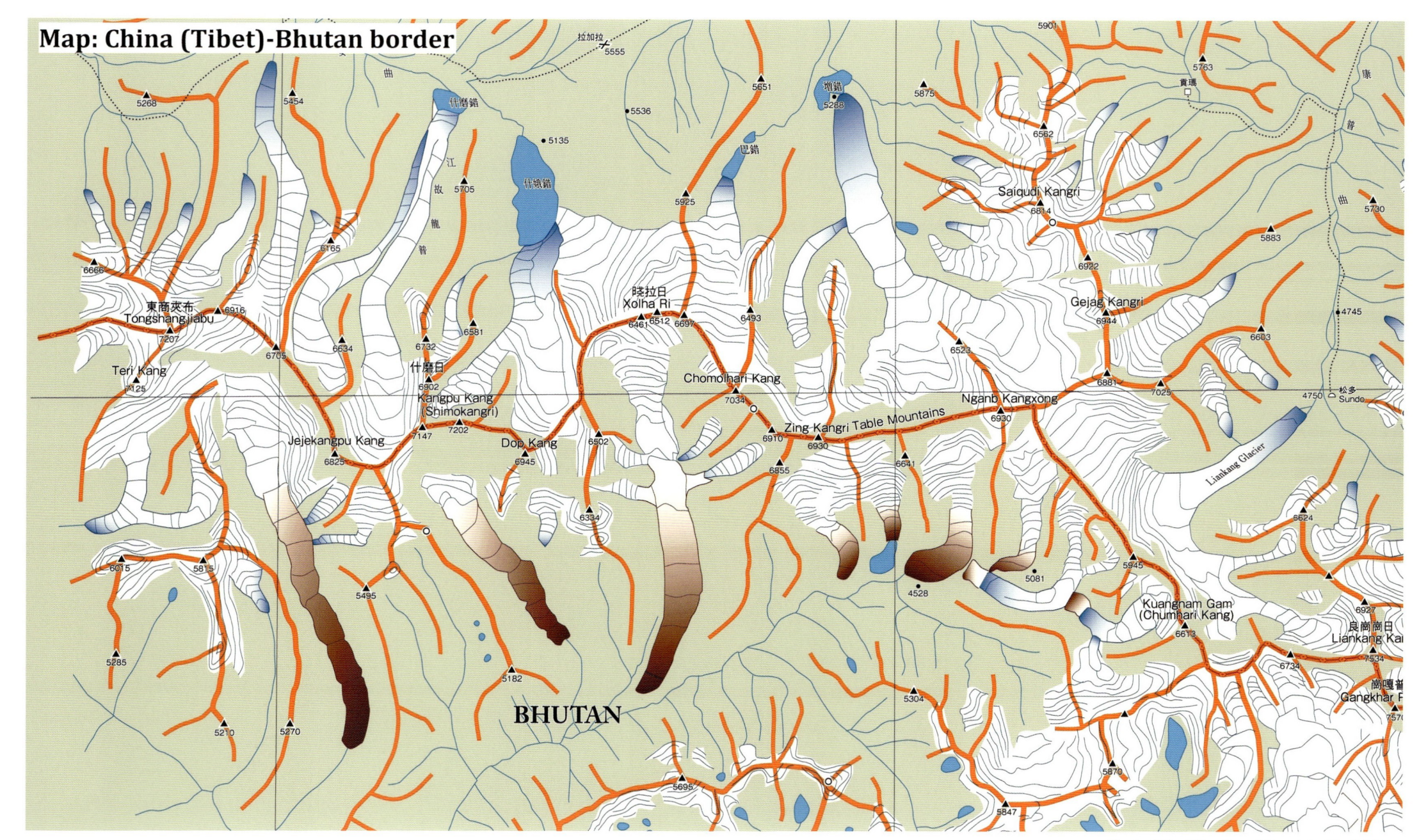

Map: China (Tibet)-Bhutan border

BHUTAN

East of the Himalaya-Mountain Peak Maps

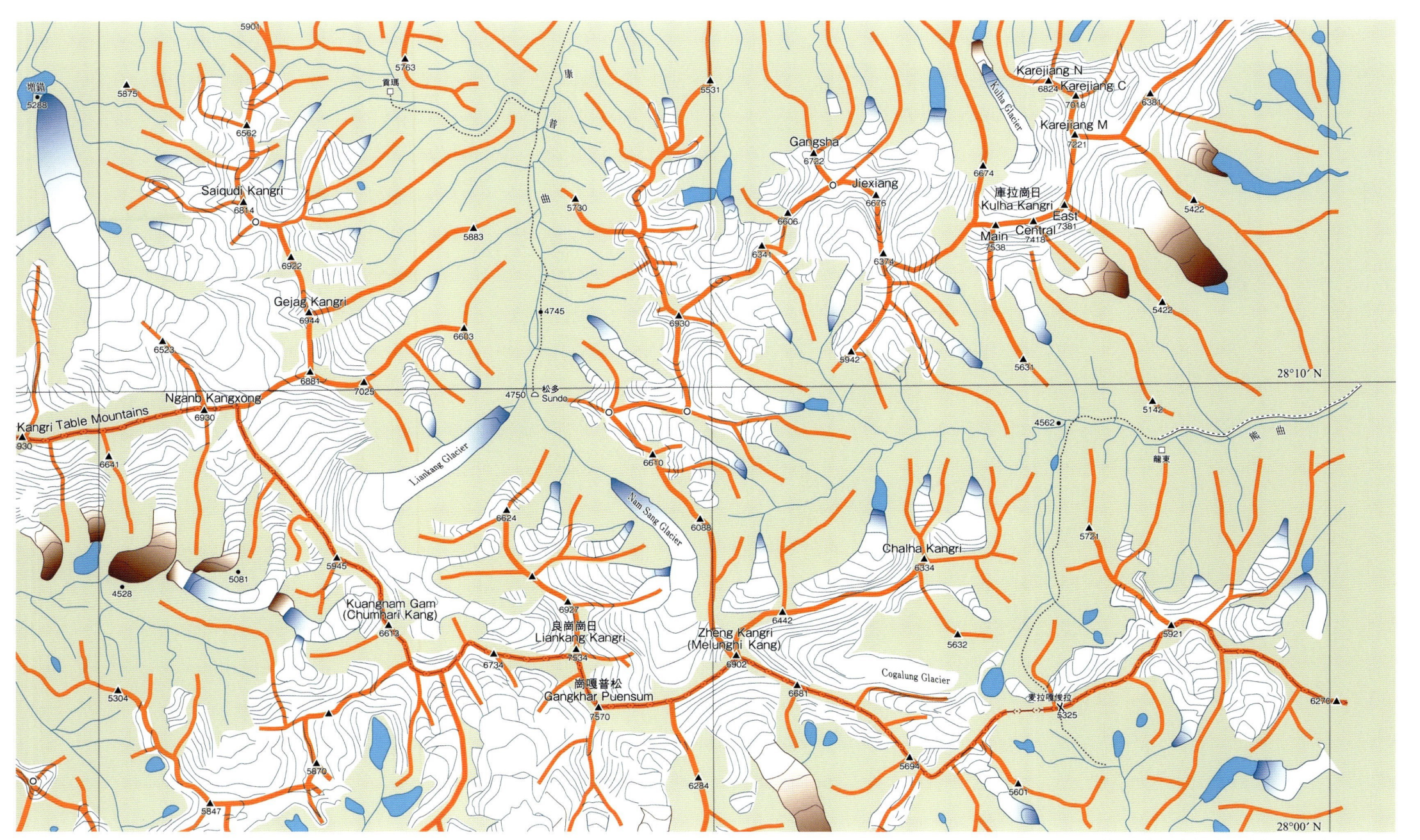

East of the Himalaya-Mountain Peak Maps

Noijinkangsang
7191m

Kaluxung
6647m

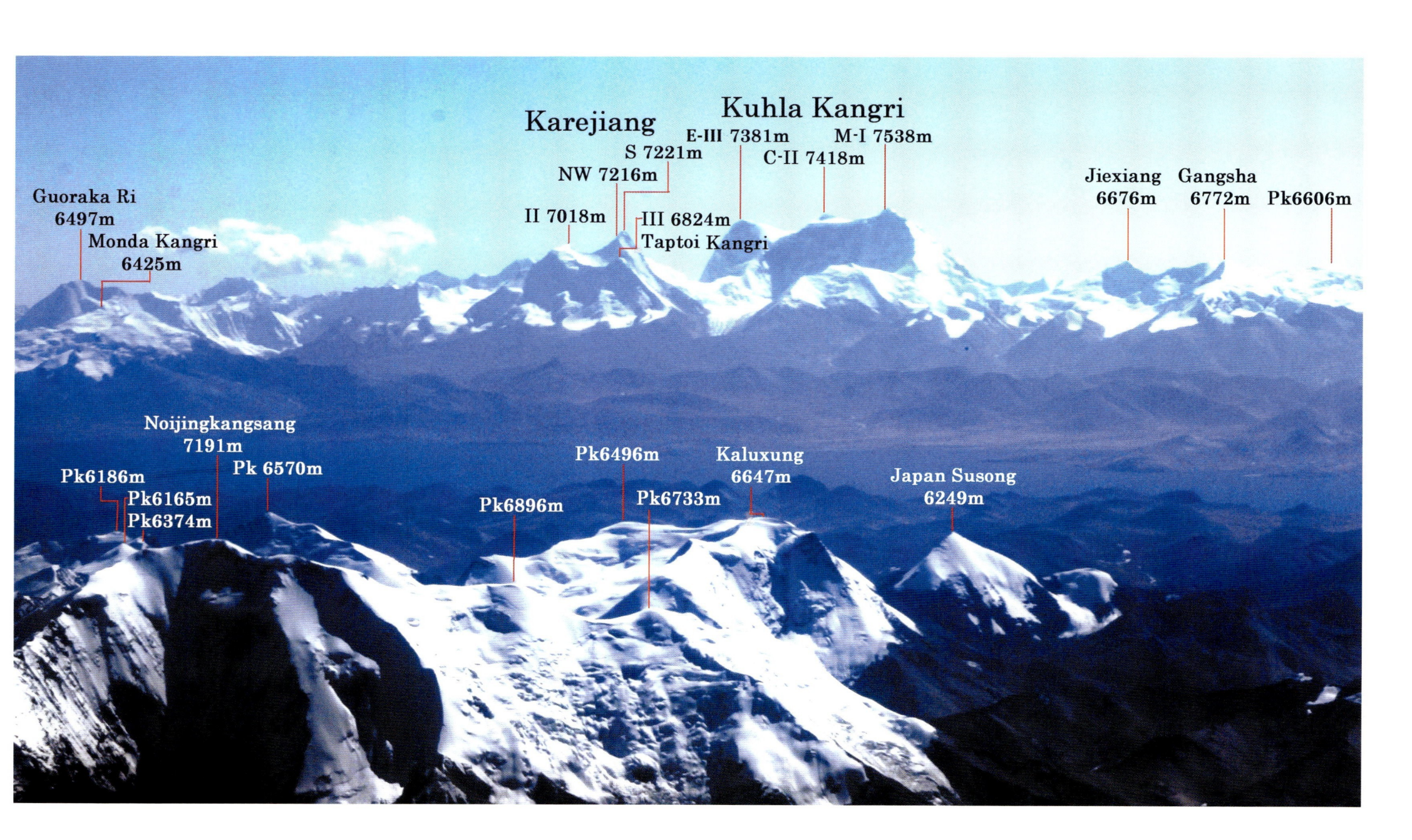

Karejiang

Kuhla Kangri

Guoraka Ri 6497m

Monda Kangri 6425m

II 7018m

NW 7216m

S 7221m

III 6824m

Taptoi Kangri

E-III 7381m

C-II 7418m

M-I 7538m

Jiexiang 6676m

Gangsha 6772m

Pk6606m

Noijingkangsang 7191m

Pk6186m

Pk6165m

Pk6374m

Pk 6570m

Pk6896m

Pk6496m

Pk6733m

Kaluxung 6647m

Japan Susong 6249m

Karejiang
S - 7221m

E-III 7381m

Kuhla Kangri
C-II 7418m

M-I 7538m

Photo taken at Puma Yumco

Zheng Kangri
(Melung Kang)
6912m   Pk 6885m

Gangkhar Puensum 7570m 7534m Liangkang Kangri

Puma Yumco frozen in winter

Gangkhar Puensum
7570m

Liangkang Kangri
7534m

Photo taken at Puma Yumco

Liangkang Kangri
7534m

Gangkhar Puensum
7570m

7200m+

Photo by Liu Yuhong   View from Dochu La 3150m Bhutan

Kangpu Kang
West
7147m

什麼日
6902m

Jejekangpu Kang
6965m

6634m

6705m

Pk 6080m

6916m

Tongshangjiabu
7207m

Tsenda Kang West
ca. 6500m

Pk 6666m

Masa Gang
ca. 6800m

Yamdrok Tso

Yamdrok Tso

Dop Kang
6945m

6581m

Kangpu Kang
(Shimokangri)
M   West
7202m   7147m
6732m

Jejekangpu Kang
6965m

6825m

6774m   6634m

6705m

Tongshangjiabu
7207m   Teri Kang
(Bhutan)
7125m

6916m

6561m

6666m

6216m

Dop Kang
6945m

Kangpu Kang
(Shimokangri)
7202m

什磨日
6902m

6732m

Jejekangpu Kang
6965m

6634m

6705m

Tongshangjiabu
7207m

6916m

Teri Kang (Bhutan side)
7125m

(Bhutan side)
Tsenda Kang East Tsenda Kang West
ca. 6700m   ca.6500m

6666m

6478m

Kaluxung
6647m

Noijinkangsang
7191m

Jejekangpu Kang
6965m   6825m   6774m

27km South of border
5400m+

什磨日
6902m

Kangpu Kang

W
7147m

M
7202m

View from Dochu La 3150m Bhutan

Photo by Liu Yuhong

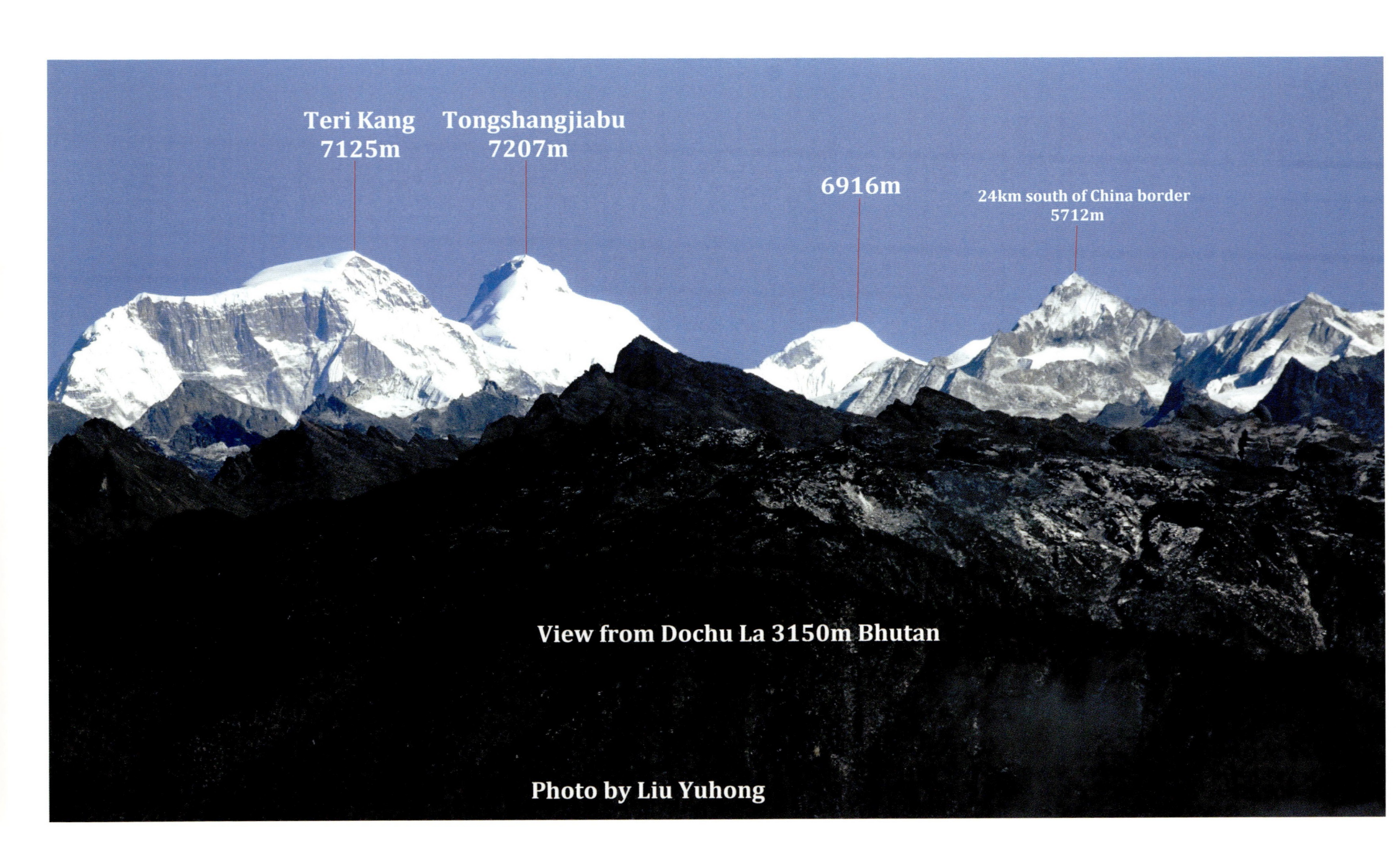

Teri Kang
7125m

Tongshangjiabu
7207m

6916m

24km south of China border
5712m

View from Dochu La 3150m Bhutan

Photo by Liu Yuhong

Masa Gang
ca. 6800m

5680m+

View from Dochu La 3150m Bhutan

Photo by Liu Yuhong

Kangcheda
(Great Tiger Mountain)
6840m

Part 6. Yarlung Tsangpo Basin
(Chengdu~Bayizhen/Lhasa)

Holy Yalaxianbo and north

Peak 6150m south of Yarlung Tsangpo

Goikarla Rigyu massif

Shelrika, Kamakangpu

Bobnung massif and east

Lake Basong

Gyala Peri
7294

川藏公路
Sichuan-Tibet Highway

尼洋曲
Nyang Qu

墨竹工卡
Maizhokunggar

6086

工布江達
Gongbo'gyamda

6288

八一鎮
Bayizhen

林芝
Nyinchi

Namcha Barwa
7782

拉薩
Lhasa

Doilung Qu

Railway

5964

6132

G O I K A R L A   R I G Y U

6080

派区
Baigu

6054

雅魯蔵布

雅魯蔵布

桑日
Sangri

澤当
Zetang

Yarlung

Tsangpo

米林
Mainling

Yarlung

Tsangpo

貢嘎
Kongga

加査
Gyaca

雍措
Yamdrok Tso

曲松
Qusum

朗県
Nang Xian

Chipula-Bobnung

蔵王墓

6635

Yalaxianbo

加波曲

Xang Qu

雅魯蔵布

Xoijiang Qeri
6106

哲古錯
Chige Co

McMahon Line

西巴霞曲 (Subansiri)

洛扎
Lhozhag

Tarlha Ri
6777

措美
Comai

隆子
Lhunze

加玉河 Qayji He

Xihaxa Qu

Yarlung

Tsangpo

6505

E A S T E R N   **H I M A L A Y A**

6278

6260

6446

6801

6290

6441

Tui Kangri (Nyegi Kangsang)

6983

錯那
Cona

Chomo I

6890

6215

7060

6492

Kanggardo (Kangto)

Gori Chen
6488

Map: Goikarla Rigyu - south of Yarlung Tsangpo

East of the Himalaya-Mountain Peak Maps

6132m 6100m 5947m+ 6288m

Goikarla Rigyu

Pk 6005m

Goikarla Rigyu

5842m

Shelrika
6045m

Kamakangpu
5861m

6132m
East Face

Goikarla Rigyu

6000m+

Bobnung massif immediate south of
Goikarla Rigyu & Yarlung Tsangpo

6288m
East Face

Goikarla Rigyu

Pk 6150m

Looking up to south from a road near
river bed of Yarlung Tsangpo

Holy Yalaxianbo

Main Peak
6635m

South I
6495m

South II
6542m

Photo taken at a high pass 5,300m

Kazi Razi
6505m

Yalaxianbo
6635m

(China-Bhutan border)
Garula Kang
6441m

Mamosong Ri
6260m

6430m 6540m 6205m 5930m Mana Kang 6188m 6290m 6122m 6258m

6100m

Part 7. Nyainqentanglha West
(Kathmandu~Chengdu)

Zhabalha, Qungmo Kangri, Bai-Gangrakung

Kyama, Gangrawo, Tangmonje

Soge, Saka, Xabu, Nyainqentanglha I–IV

Golden Dragon, Cholten Garpo

Tanggla, Kizi, Chaggar Kangri

Kyizi, Boring, Chagla, Bada Ri I–V

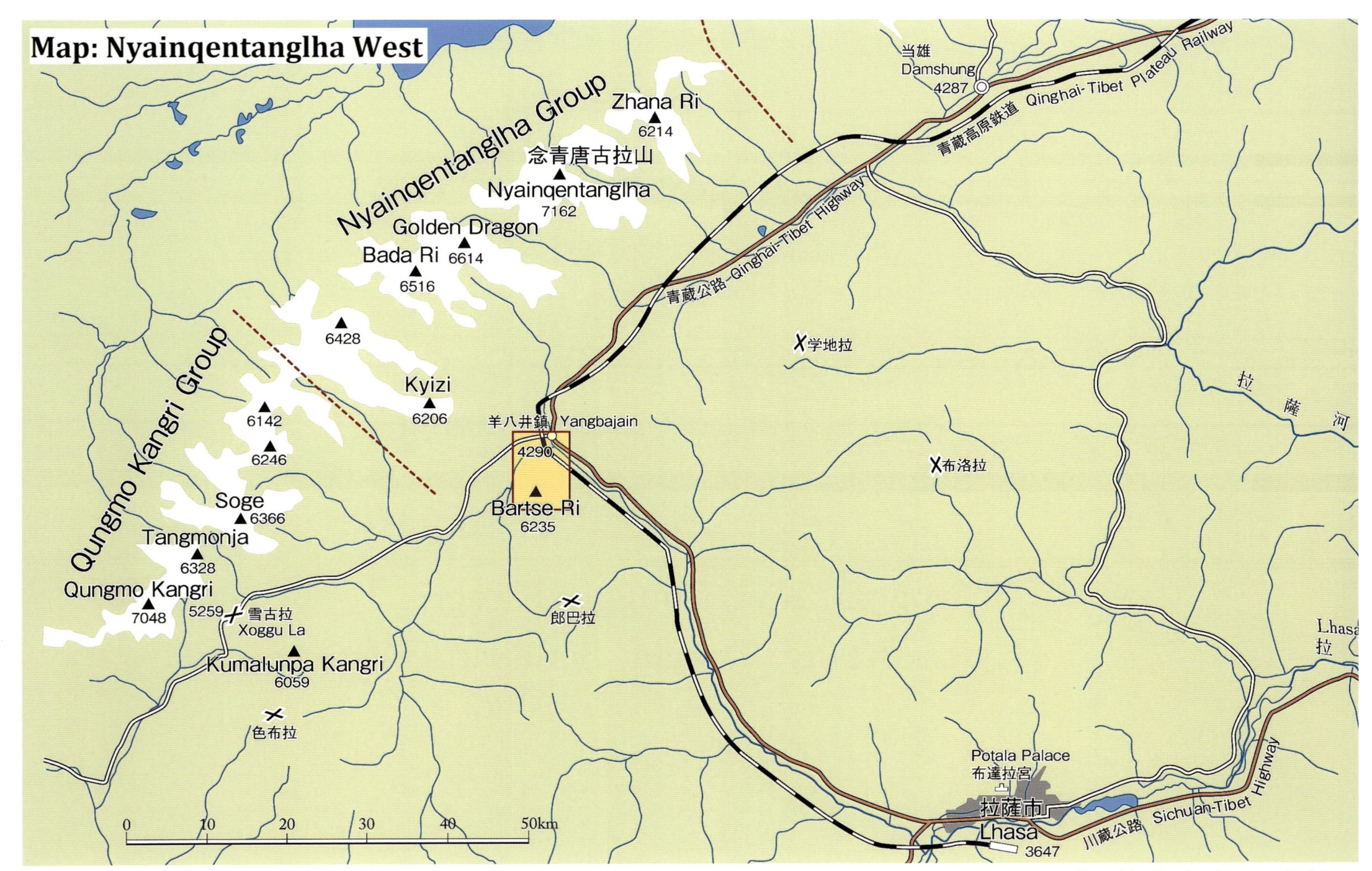

Map: Nyainqentanglha West

Nyainqentanglha Group
念青唐古拉山

当雄 Damshung 4287

青蔵高原鉄道 Qinghai-Tibet Plateau Railway

Zhana Ri 6214

Nyainqentanglha 7162

Golden Dragon 6614

Bada Ri 6516

青蔵公路 Qinghai-Tibet Highway

Qungmo Kangri Group

6428

Kyizi 6206

✕ 学地拉

6142

6246

羊八井鎮 Yangbajain
4290

✕ 布洛拉

拉薩河

Soge 6366

Bartse-Ri 6235

Tangmonja 6328

Qungmo Kangri 7048

5259 ✚ 雪古拉 Xoggu La

✕ 郎巴拉

Kumalunpa Kangri 6059

✕ 色布拉

Lhasa 拉

Potala Palace 布達拉宮

拉薩市

川蔵公路 Sichuan-Tibet Highway

Lhasa 3647

0   10   20   30   40   50km

East of the Himalaya-Mountain Peak Maps

Qungmo Kangri 7048m　Soge 6366m　Xabu 6340m　Nyainqentanglha I Main Peak 7162m　Tanglha 6330m　6150m Kyizi

Qungmo Kangri
7048m

Kyamo
6318m

Gangrakung
6260m

Bai-Gangrakung
6328m

Gangrawo
6316m

6328m
Tangmonja

Zhabulha
6564m

Qungmo Kangri
7048m
6185m

Bai-gangrakung
6328m

6187m
6400m

Saka
6242m

6270m

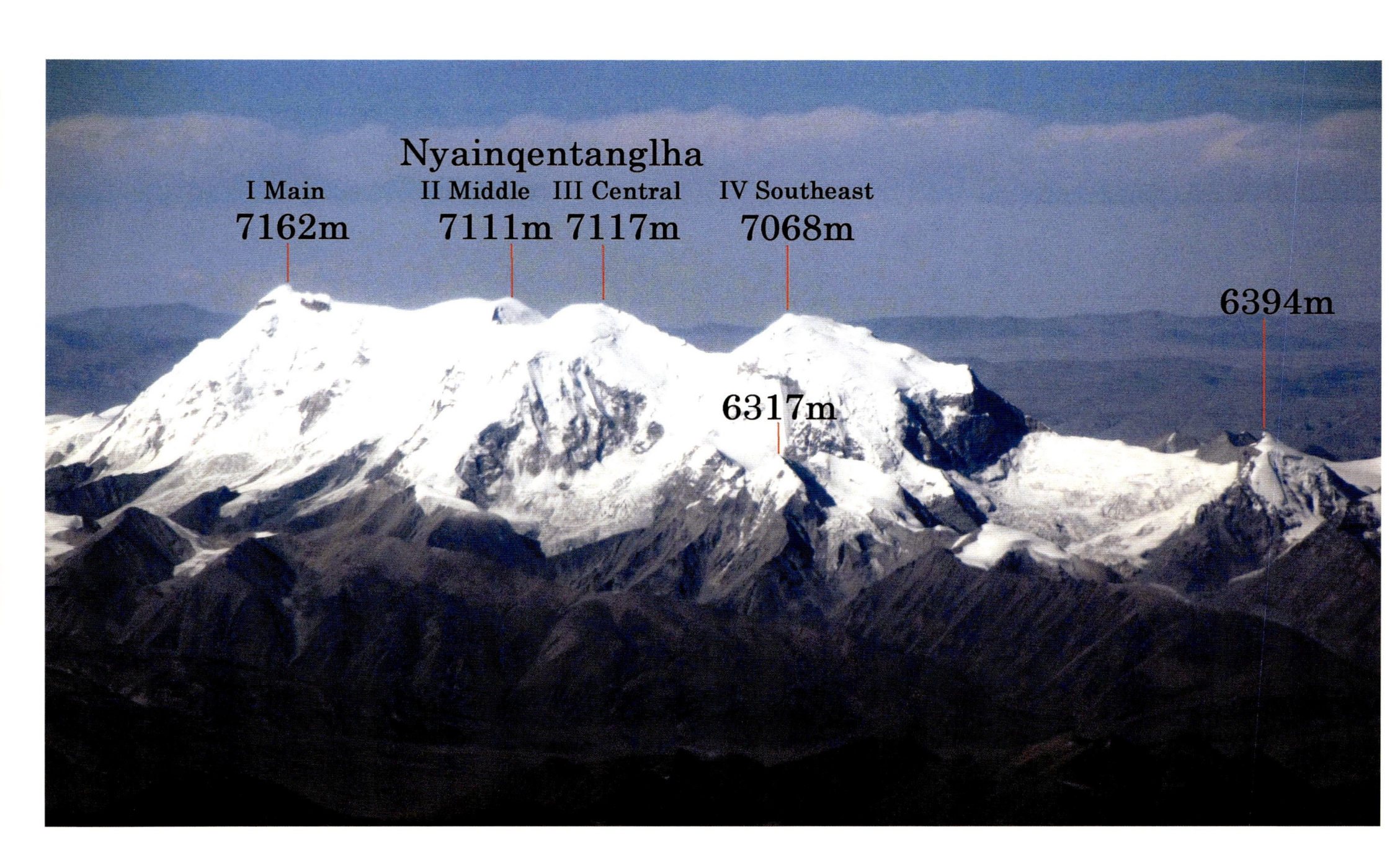

Nyainqentanglha

I Main 7162m II Middle 7111m III Central 7117m IV Southeast 7068m 6317m 6394m

6241m 6276m 6376m
Nyainqentanglha Main 7162m
Golden Dragon 6614m
Tanglha 6330m
6433m Chaggar Kangri
6360m 6415m Cholten Garpo
6150m Kyizi

Boring
6353m

6121m

6190m

6221m

Chagla
6390m

Bada Ri
V   IV   III
3696m   6410m
6389m

Lake Nam Tso

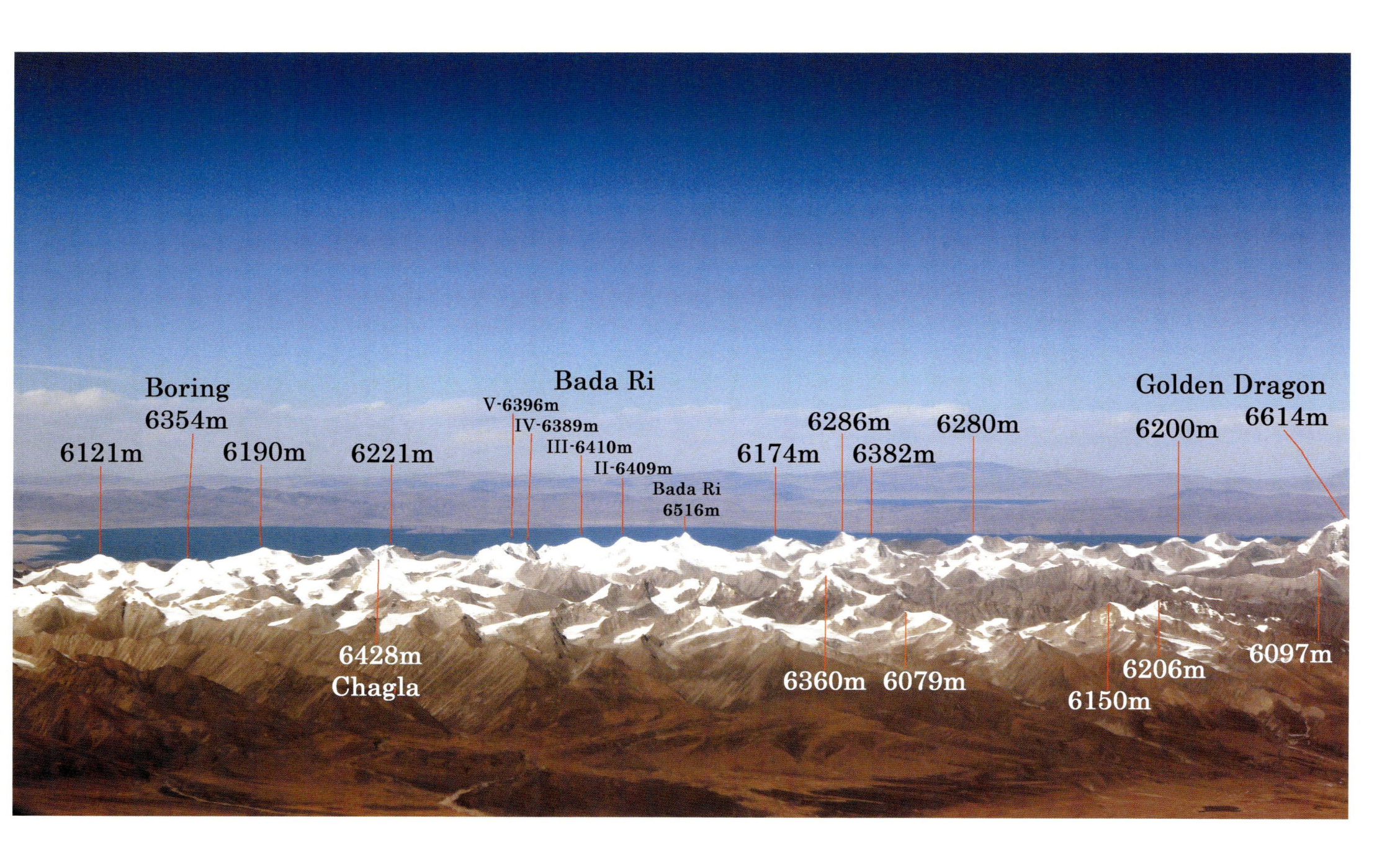

Boring 6354m
6121m
6190m
6221m
Bada Ri
V-6396m
IV-6389m
III-6410m
II-6409m
Bada Ri 6516m
6174m
6286m
6382m
6280m
Golden Dragon
6200m
6614m
6428m
Chagla
6360m
6079m
6150m
6206m
6097m

Nyainqentanglha I
7162m (north face)

Nam Tso 4,718m

Part 8. Easternmost Himalaya
(Kathmandu/Lhasa/Bayizhen~Chengdu)

Namcha Barwa, Sanglung, Gyala Peri
Tiba Kangri, Sentang Bu

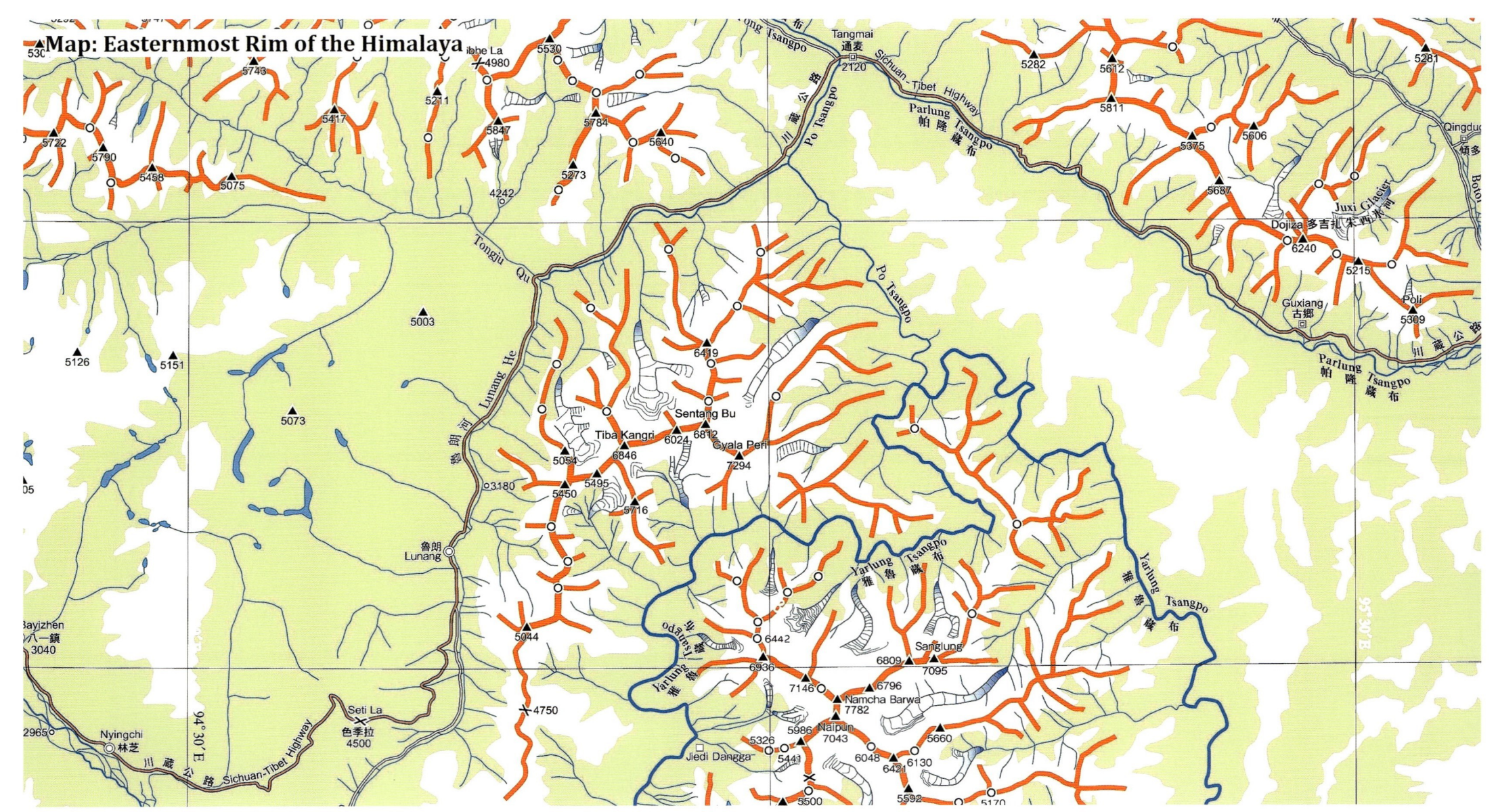

Map: Easternmost Rim of the Himalaya

East of the Himalaya-Mountain Peak Maps

Kangri Garpo Range

6419m

Sentang Bu
6812m

Gyala Peri
7294m

Sanglung
7095m

Tiba Kangri
6846m

Namcha Barwa
7782m

Namcha Barwa: First climbed by Japanese Alpine Club in 1992

Sanglung 7095m
Gyala Peri 7294m
Namcha Barwa 7782m
Tiba Kangri 6846m
6419m

Sanglung 7095m
6809m
Gyala Peri 7294m
Sentang Bu 6812m
Namcha Barwa 7782m 7344m
Tiba Kangri 6846m
6936m 朗加堡
6419m
Pumobunju 5782m
5903m
5847m
5826m+
5810m

Sanglung
7095m

Namcha Barwa
7782m

Gyala Peri
7294m

Sentang Bu
6812m

Tiba Kangri
6846m

(Kangri Garpo)

6230m

Tatsekangpu
6168m

Zepu Glacier

6106m

6292m
Jalong I

*Zepu
Qu*

Namcha Barwa 7782m

Photo taken from Se-Ti La 4500m

Gyala Peri 7294m (N face)

Photo by Wuri Wusa

Viewed from Sichuan-Tibet Highway near Tamgmai

Tiba Kangri 6846m (Southwest face)

Viewed from near Se-Ti La 4500m

Part 9. Nyainqentanglha East
(Kathmandu/Lhasa/Bayizhen~Chengdu)

Sepu Kangri, Kajaqiao, Manamcho

Nenang, Sendho, Chuchepo, Jiongmudazhi

Jainija, Lumboganzegabo, Pk 6842m

Jonlamopo, Jongpo Po Rong, Qiaqing Glacier

Birutaso, Qang Dhen, Pulongu

Zepu Kangri, Jalong I, Dojiza

Map: Nyainqentanglha East-A

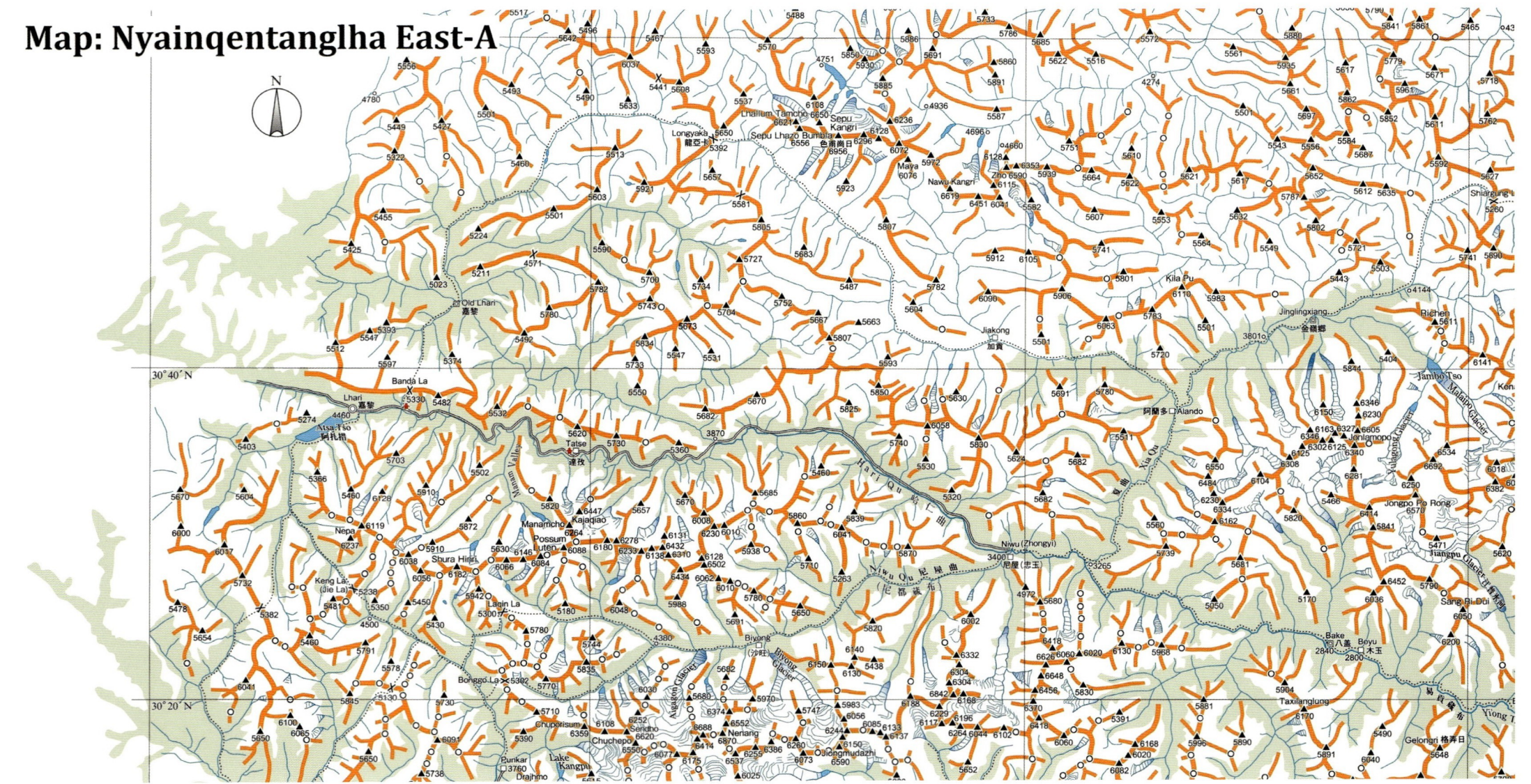

East of the Himalaya-Mountain Peak Maps

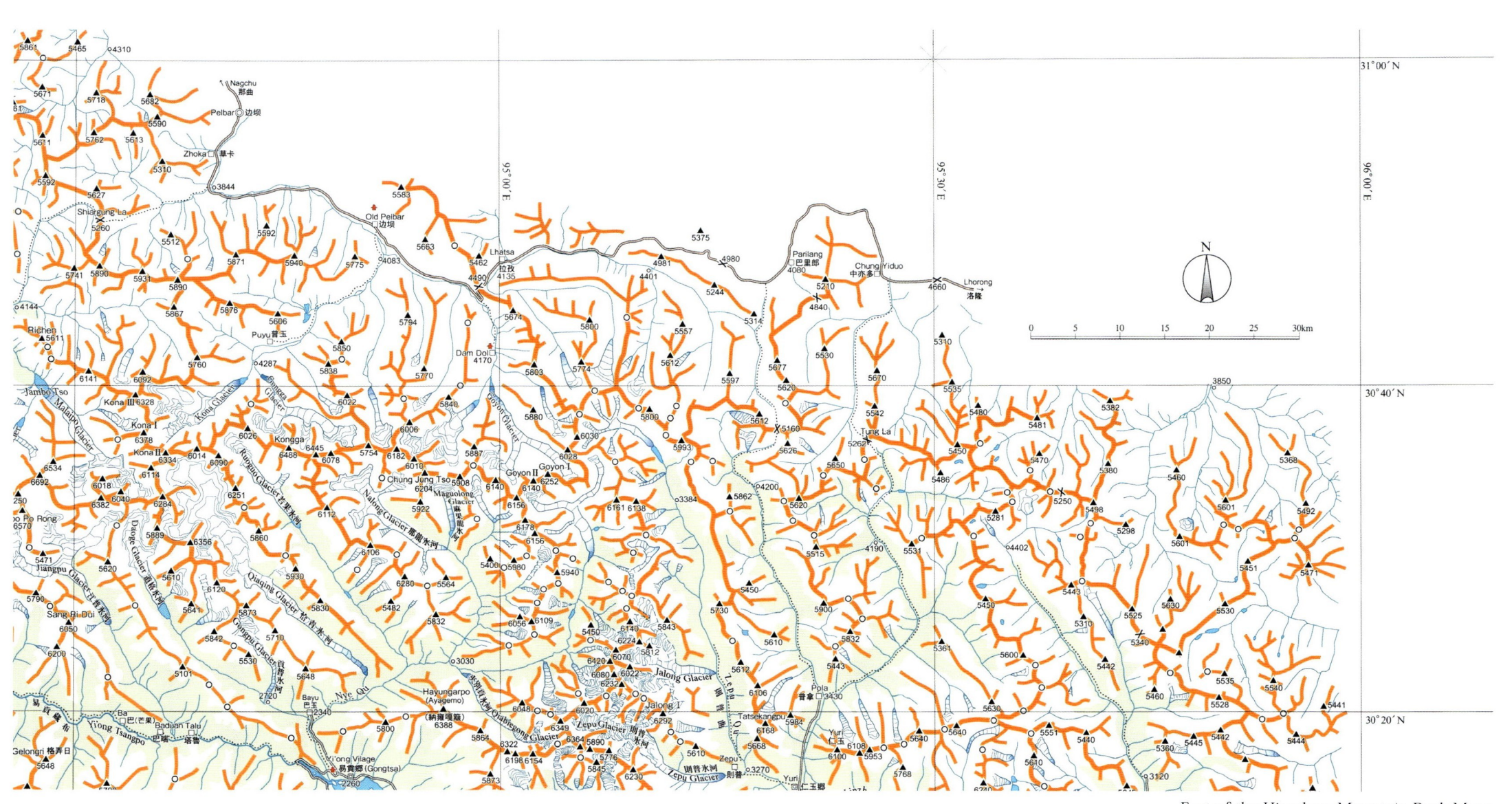

East of the Himalaya-Mountain Peak Maps

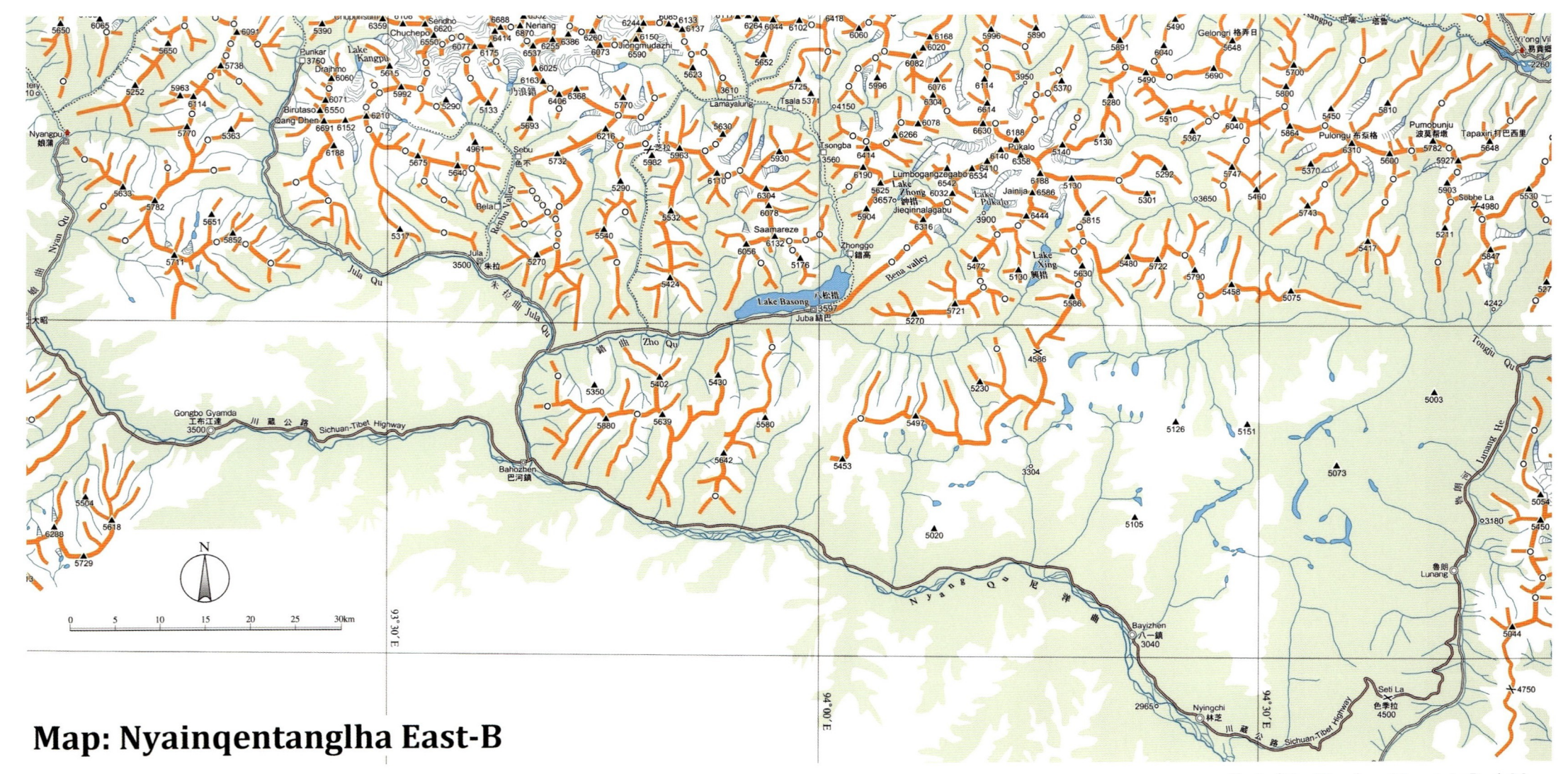

Map: Nyainqentanglha East-B

East of the Himalaya-Mountain Peak Maps

— 136 —

East of the Himalaya-Mountain Peak Maps

— 137 —

Sepu Kangri
6956m Nawu (Nawo)
Kangri 6612m

Zho
6590m

6090m

6115m

6451m 6041m

Jonlamopo
6605m

6346m

6110m
Kila Pu

5983m

6327m

6692m

6534m

Sepu Lhazo
Bumbla
6556m
Sepu Kangri
6956m
Tsoto Taktse
6182m
Nuku Kangri
6619m
6451m
Lhallum
Tamchho
6621m
Goshan Taktso
6206m
Xomo Mangyal
6236m
6138m
6432m
6319m
6434m
6502m
6010m
Nenang
6870m
6688m
6537m
6077m
6175m
Sendho
6620m
Chuchepo
6550m

Sepu Kangri
6956m

Lhullum Tamcho
6621m

Sepu Lhazo
Bumbla
6556m

6090m

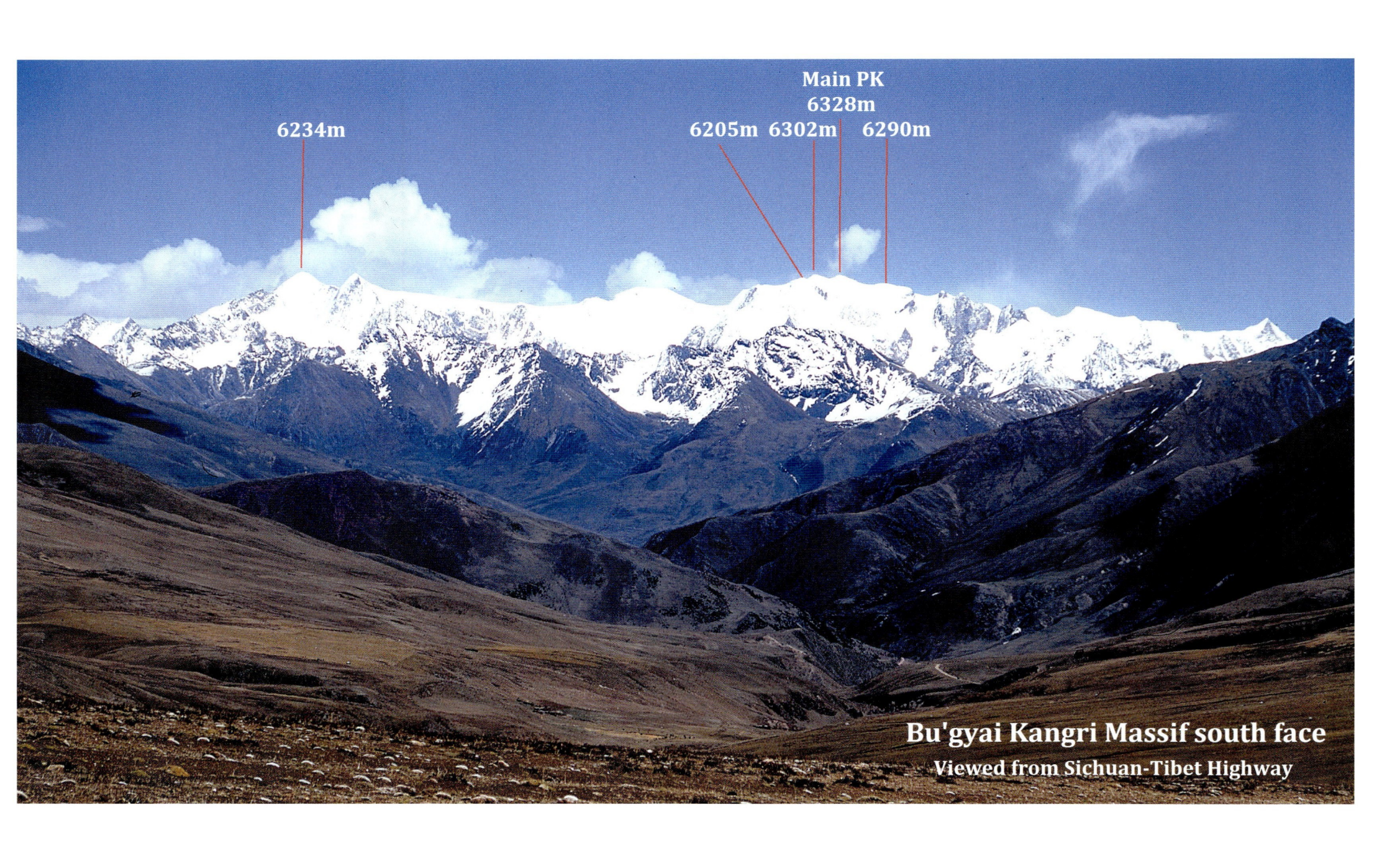

6234m

Main PK
6328m
6205m 6302m 6290m

Bu'gyai Kangri Massif south face
Viewed from Sichuan-Tibet Highway

Jonlamopo
5983m 6605m
6111m+
6308m 6125m 6327m 6150m 6346m
6340m
6414m
Yulagong Glacier
6250m
6570m
Jiangpu Glacier
Jongpo Po Rong

6154m   6198m   6322m   5864m   Hayungarpo (Ayagemo) 6388m

6109m   6056m

Jonlamopo
6605m 6346m
6327m
6543m
6692m
Jongpo Po Rong
6570m
Yulagong
Glacier
Jiangpu
Glacier
Jiangpu Glacier

6692m 6543m

Jongpo Po Rong
6570m

Jiangpu Glacier

Jiangpu Glacier

Kajaqiao
6447m

Manamcho
6264m

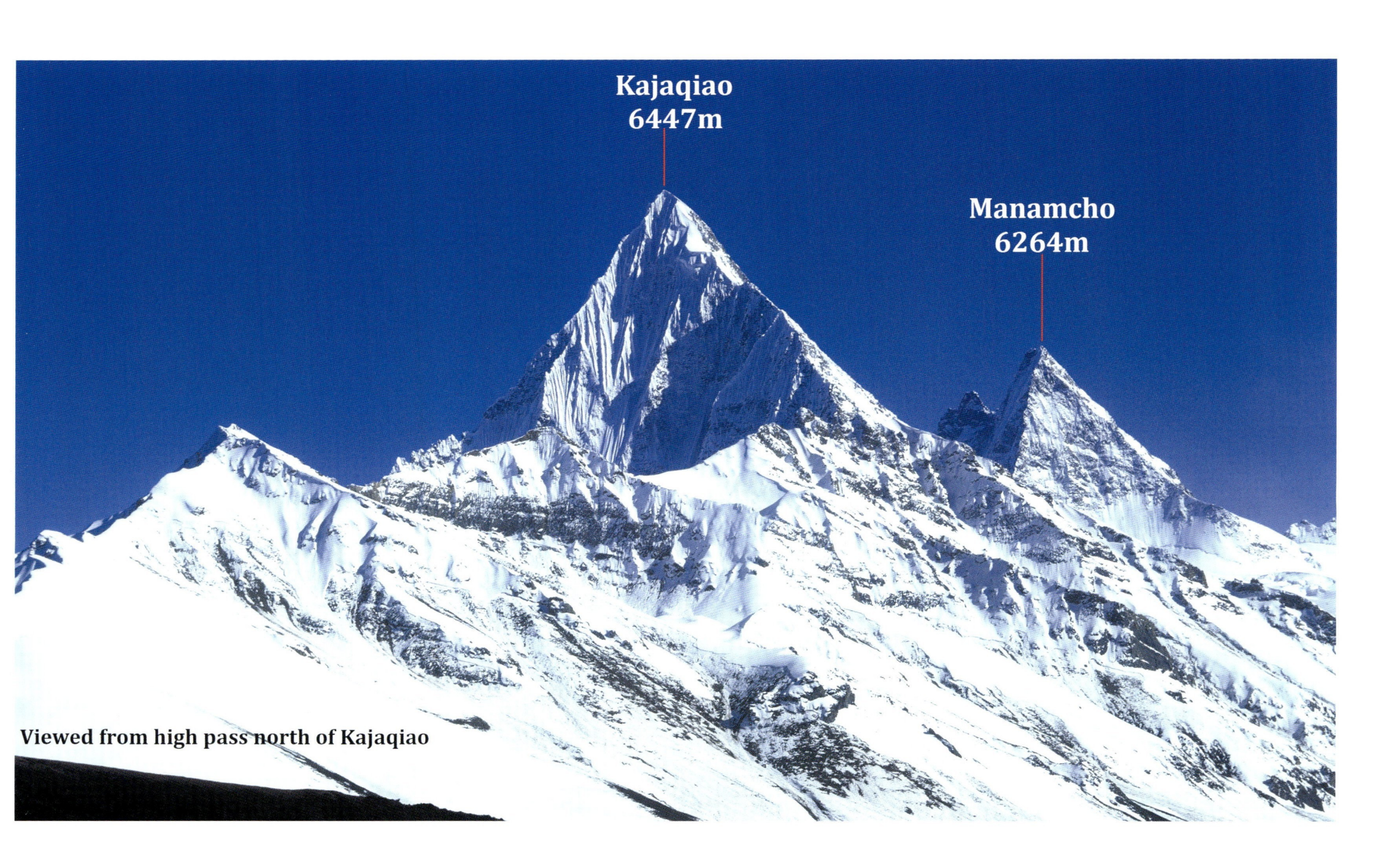

Kajaqiao
6447m

Manamcho
6264m

Viewed from high pass north of Kajaqiao

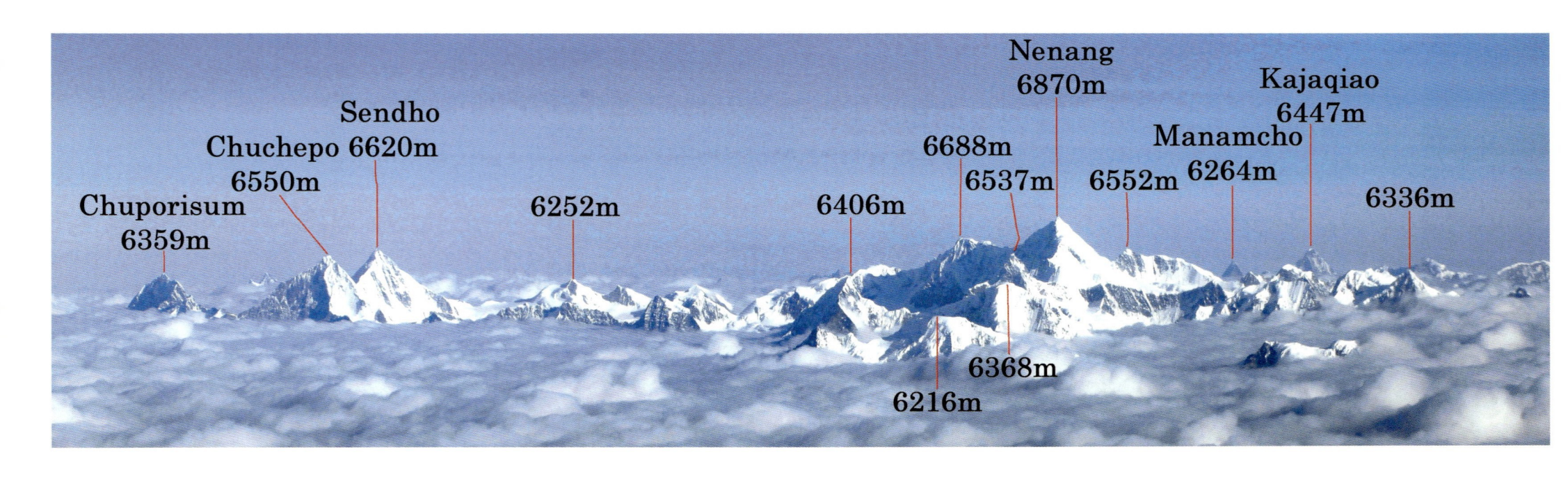

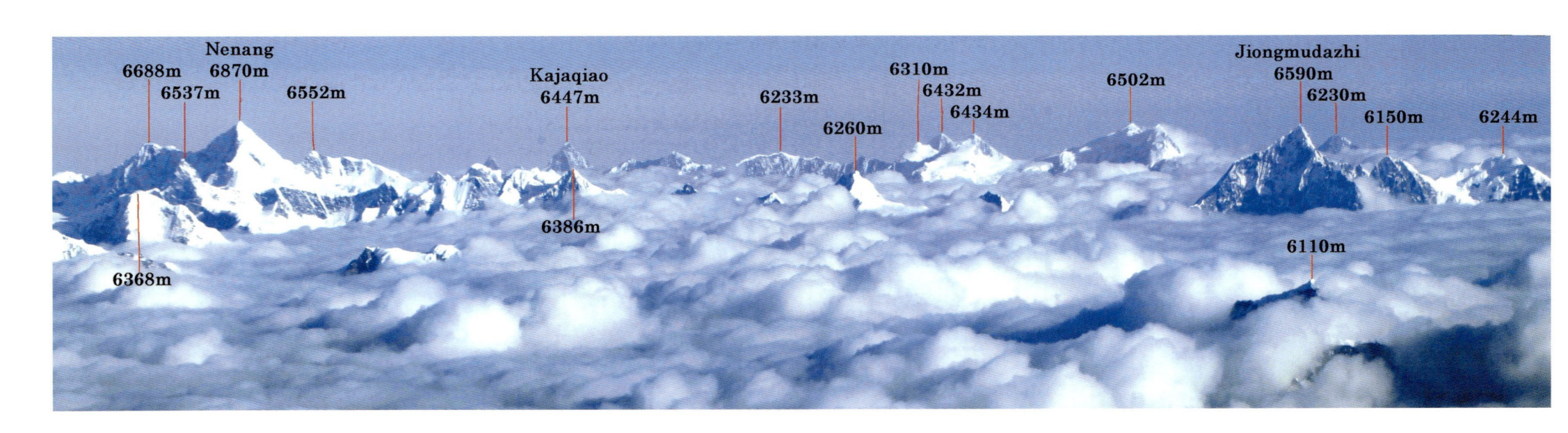

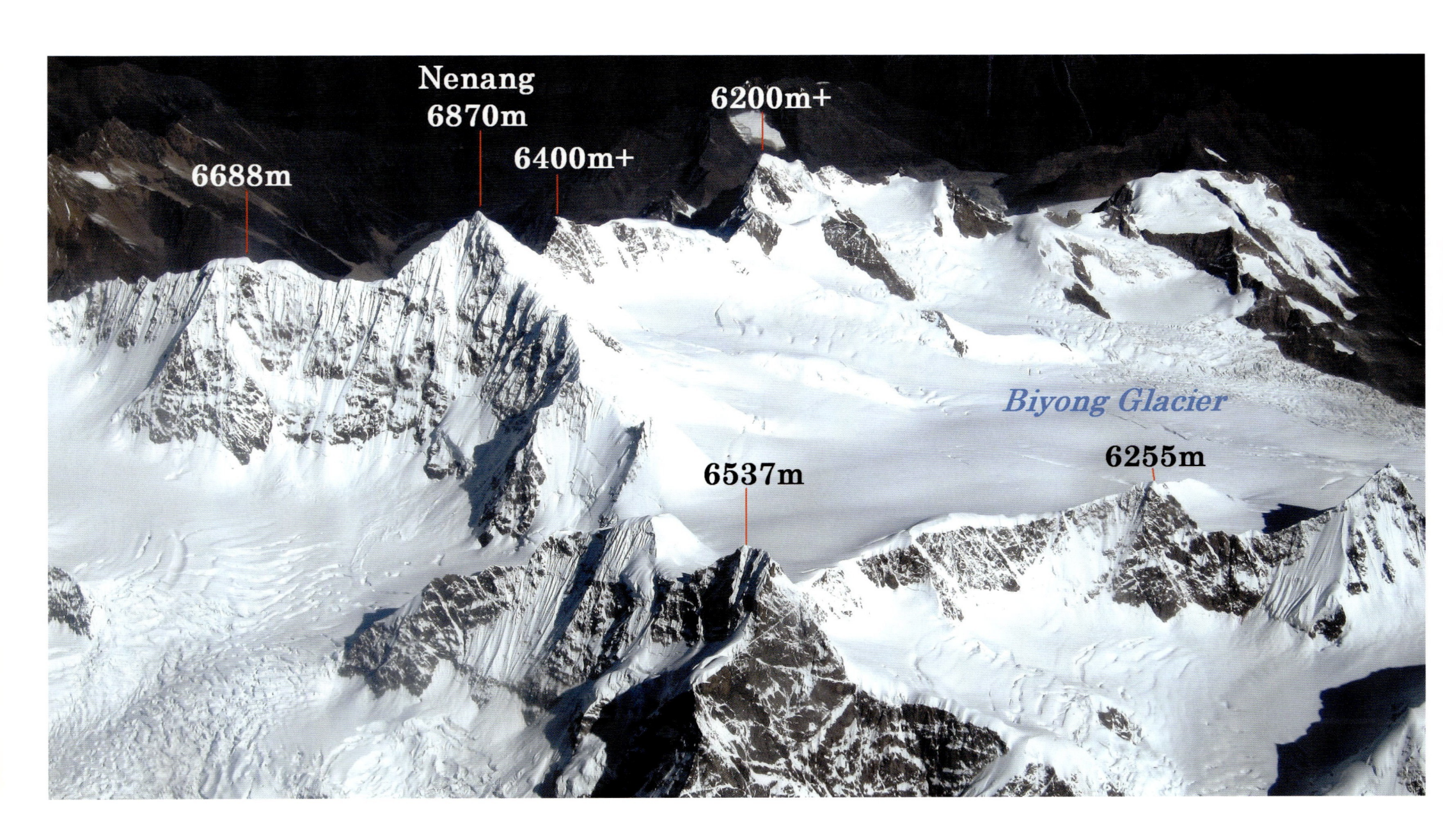

Biyong Glacier

Nenang 6870m south face

Jiongmudazhi
6590m

Photo: Mark Richey
Nenang east ridge 6000m

Pk 6842m

Viewed from Nenang
Photo: Mark Richey

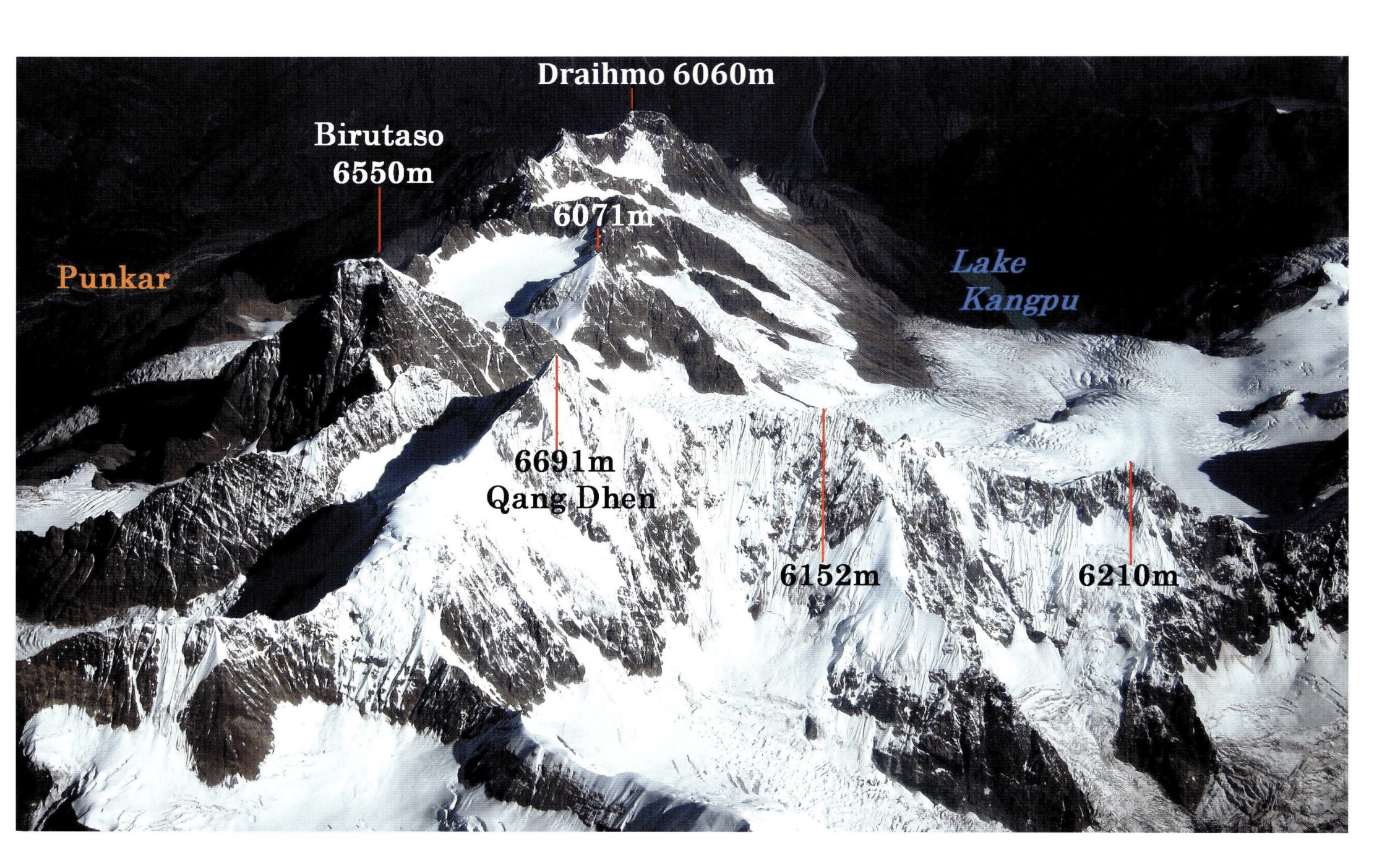

Qang Dhen
6691m

Birutaso
6550m

Pk 6071m

Umo Draihimo
6060m

Kuwakeharmo
6210m

Jieqinnalagabu
6316m

Lumbogangzegabo
6542m   6534m   6630m 6614m

6410m

Jainija
6586m

Taxilanlung
6170m

5648m

Yi'ong Lake
易貢措

5530m

5842m

Gongpu Gl

5710m

6120m

Qiaqing Glacier

Pk 5530m

Pk 5540m+

Pk 5710m

Gongpu Glacier

Pk 5873m

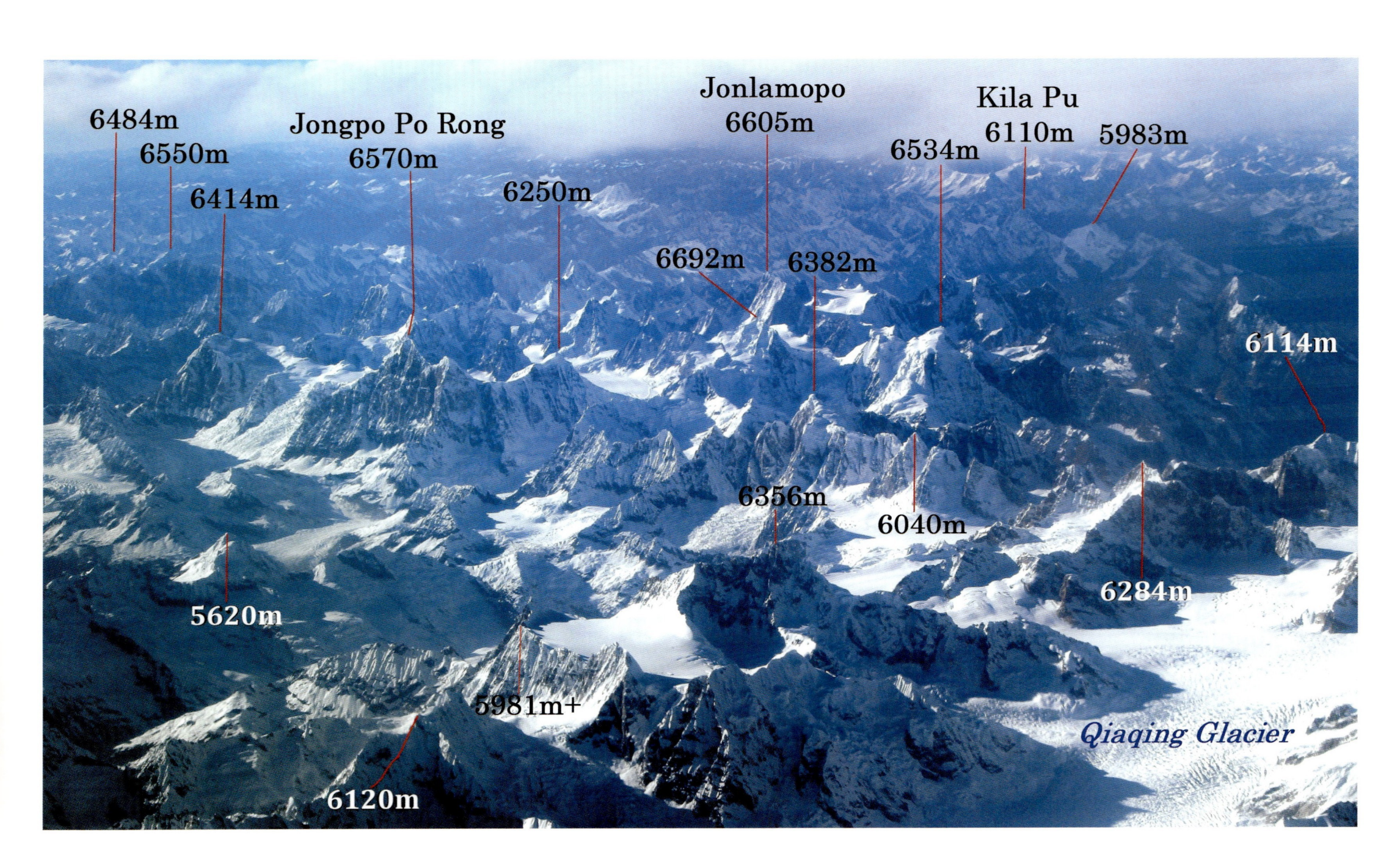

6484m
6550m
6414m
Jongpo Po Rong
6570m
6250m
Jonlamopo
6605m
Kila Pu
6110m
6534m
5983m
6692m
6382m
6114m
5620m
6356m
6040m
6284m
5981m+
Qiaqing Glacier
6120m

Pulongu
6310m

5417m

5734m

5864m

5450m

5800m

5700m

Pk 6230m

Zepu Kangri 6364m

Pk 6292m

Pk 5776m

Zepu Glacier

Pk 6230m

Pk 5776m

Zepu Kangri
6364m   Pk 6349m
Pk 6338m

Pk 6242m Pk6342m

Pk 5972m

Pk 5900m

Zepu Glacier

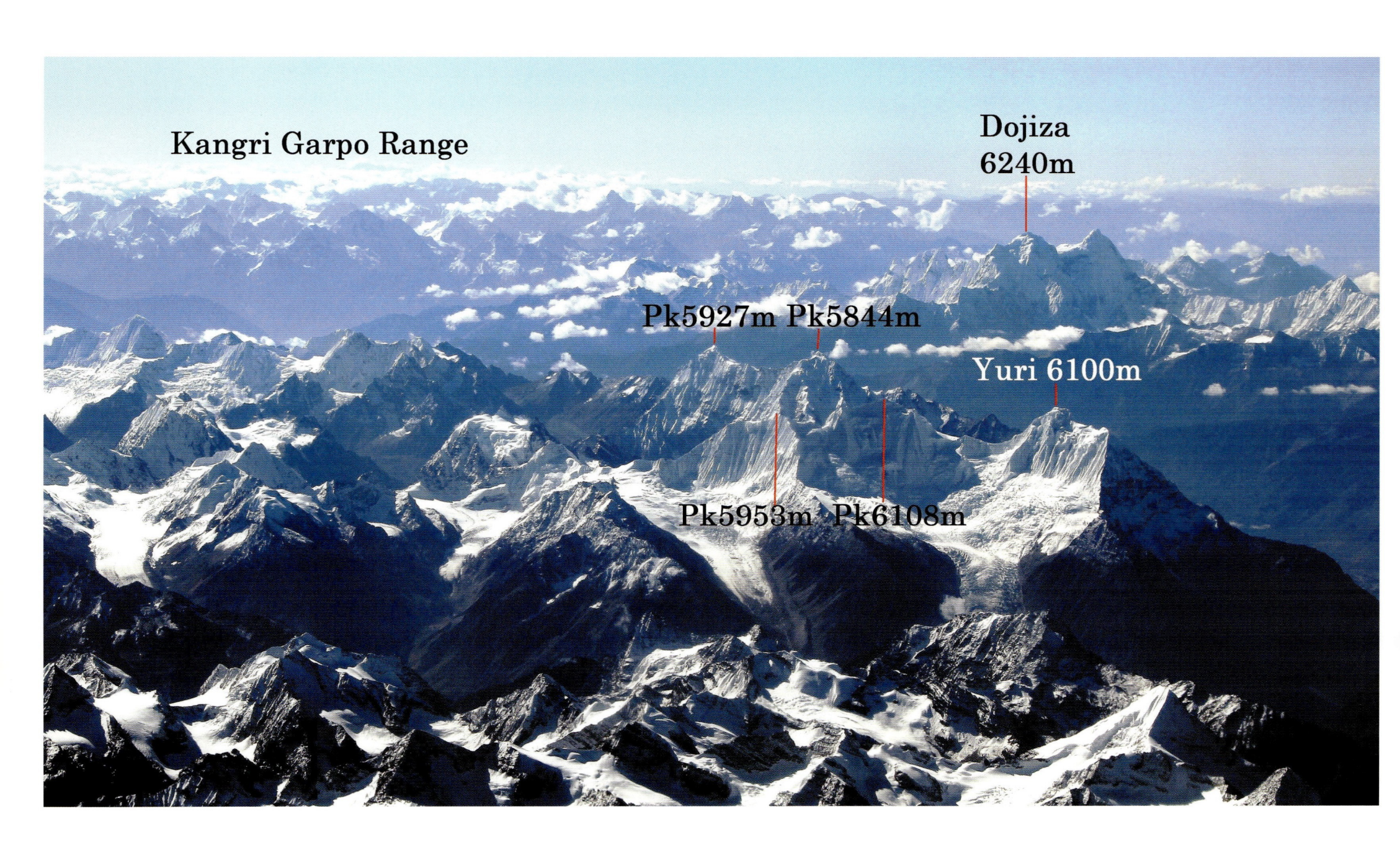

Kangri Garpo Range

Dojiza
6240m

Pk5927m Pk5844m

Yuri 6100m

Pk5953m Pk6108m

6343m Delupola (Kangri Garpo Range)

6347m Kone Kangri

5688m Singikangla

5984m

6240m Dojiza

Tatsekangpu 6168m

6106m

5730m

Zepu Qu

Part 10. Kangri Garpo/Gorge Country
(Chengdu~Lhasa)

Schuvina, Gendarme I−II, Zyaddo

Ruoni, Lopchin, Pk 6726m, Luqendo I−II

Twins, Gonyada, Zeh, Hamokongga

Gemsongu, Genikut

Kawagebo, Damyon, Dungri Garpo

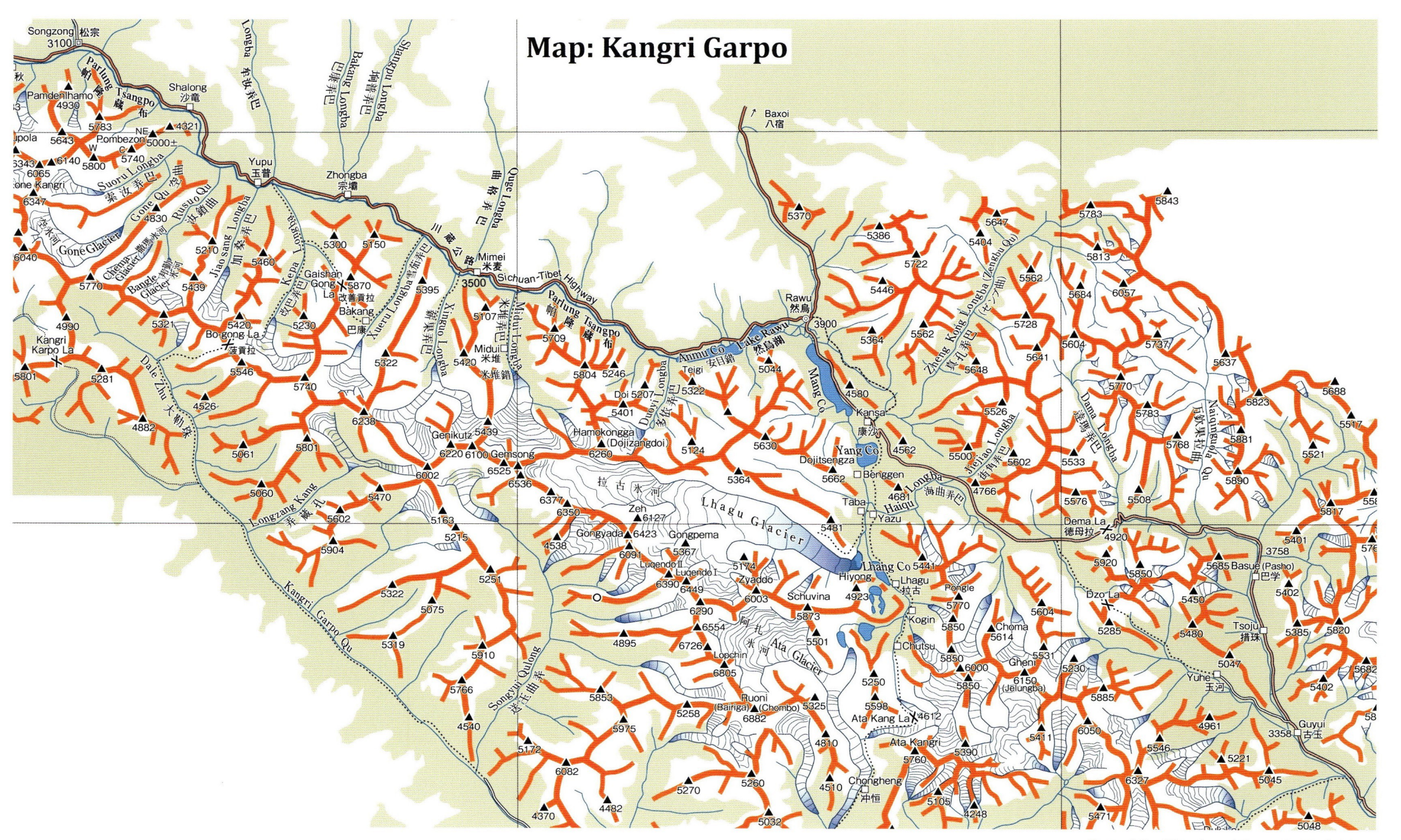

Map: Kangri Garpo

East of the Himalaya-Mountain Peak Maps

Ruoni
(Bairiga)
6882m

Lopchin
6805m
6726m
6554m
6290m

Luqendo I
6449m
Luqendo II
6390m
6091m

Gongyada
6423m
Zeh
6127m

Hamokongga
6260m
6350m
6377m
6536m

Gemsongu
6525m
6211m
ca.6200m

Genikutz
6233m
(Nyainqentanglha East)
6005m

6238m

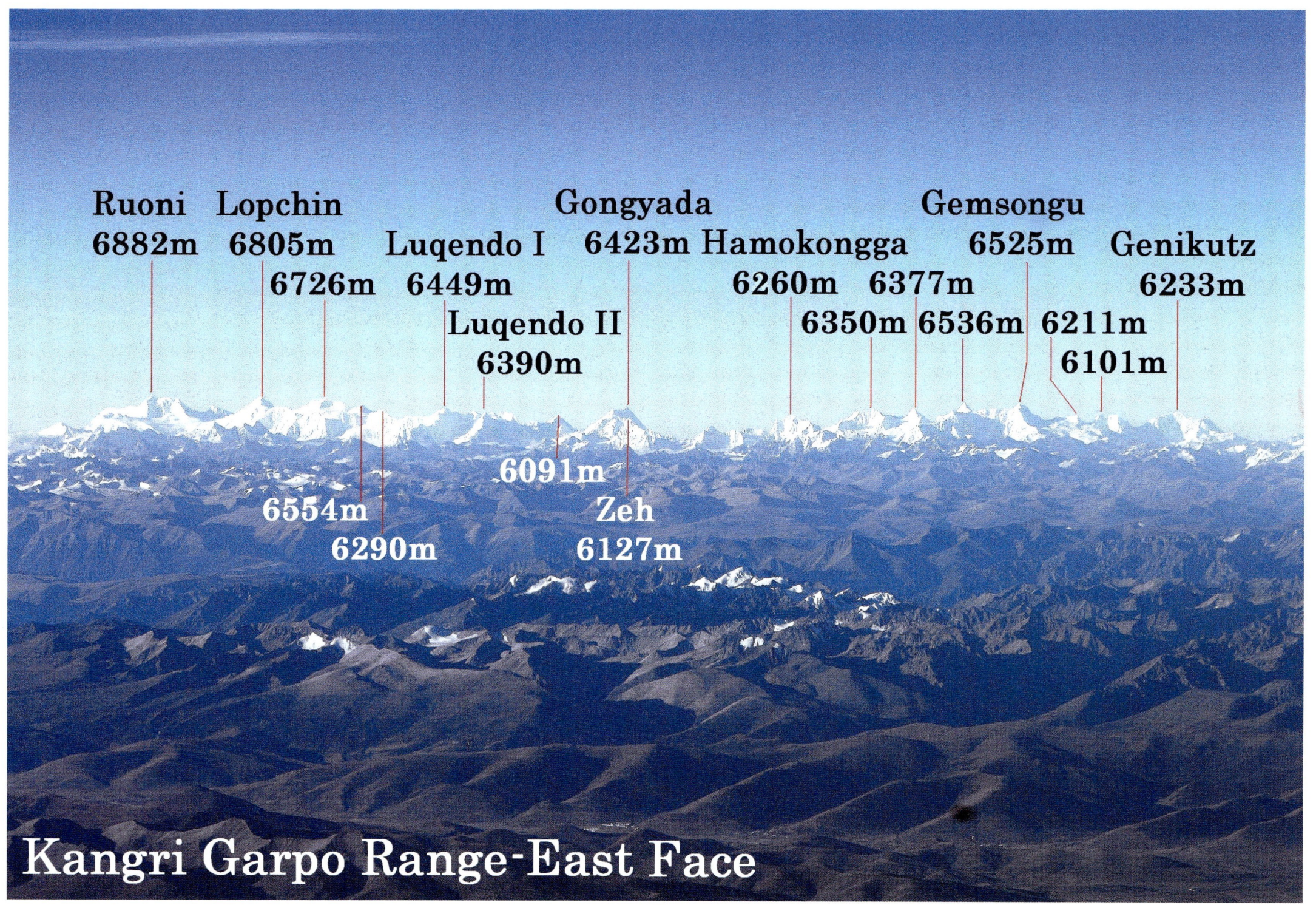

Ruoni 6882m · Lopchin 6805m · 6726m · Luqendo I 6449m · Luqendo II 6390m · Gongyada 6423m · Hamokongga 6260m · 6377m · 6350m · 6536m · Gemsongu 6525m · Genikutz 6233m · 6211m · 6101m · 6554m · 6290m · 6091m · Zeh 6127m

Kangri Garpo Range-East Face

Ruoni 6882m　Lopchin 6805m　6726m　Gongyada 6423m　Gemsongu 6536m　6525m　Genikutz 6233m　6238m

Schuvina
5873m

Gendarme II
5900m

Gendarme I
6289m

Ruoni
6882m

6340m

Lopchin
6805m

6726m

6554m

Luqendo I
6449m

6350m

6306m

Luqendo II-1
6390m

II-2
6278m

Ruoni Terrace
6000m

Rock Pinnacle

6025m
Zyaddo

6003m

6076m

Ata-Lhagu Pass

6200m
Twins

6290m

— 180 —

Ruoni
6882m

Lopchin
6805m

Views from a road to Dema La 4900m

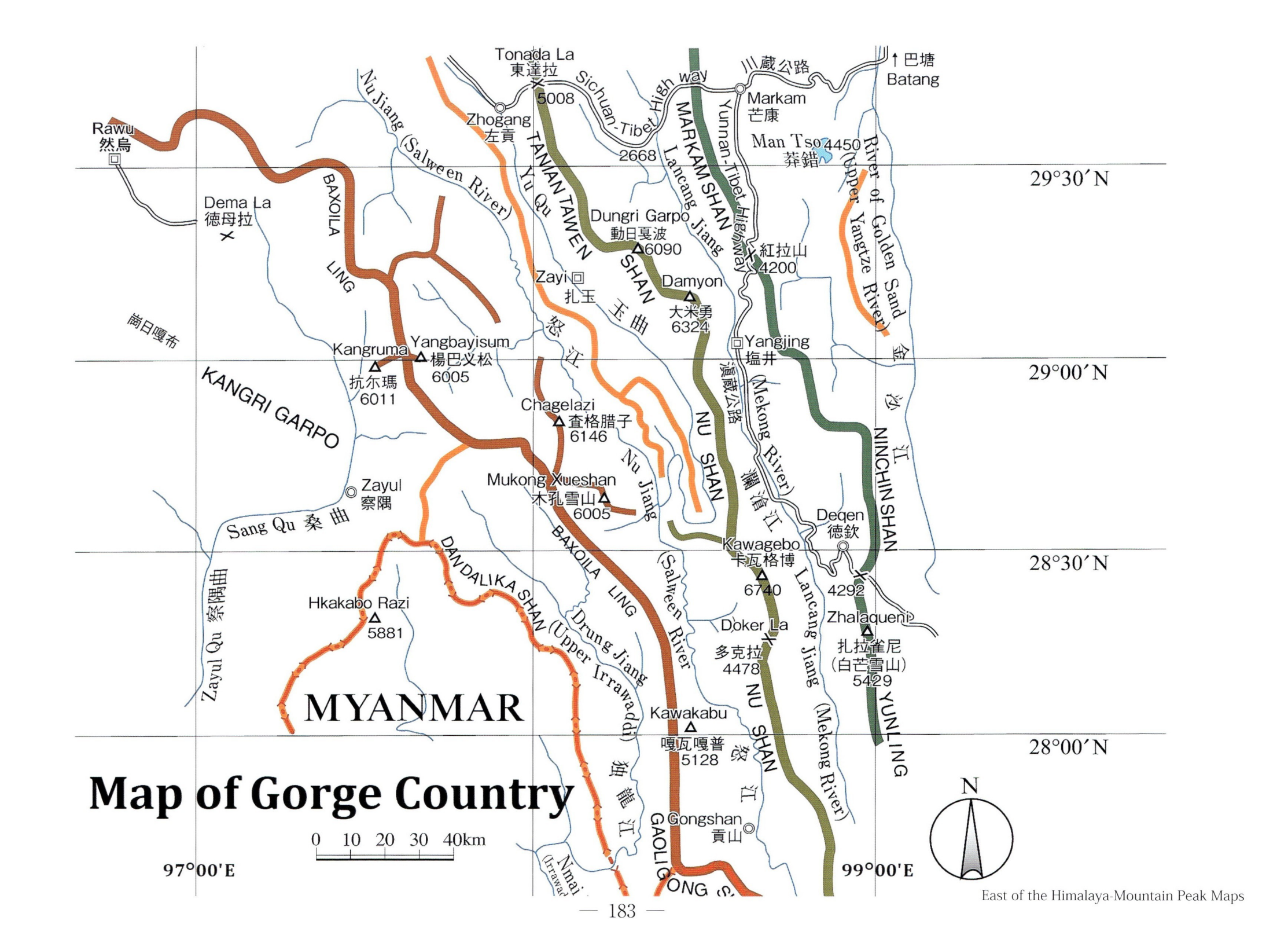

Map of Gorge Country

Rawu 然烏

Dema La 德母拉 ✕

Nu Jiang (Salween River)

BAXOILA LING

崗日嘎布

KANGRI GARPO

Kangruma 抗尔瑪 6011

Yangbayisum 楊巴义松 6005

Zayul 察隅

Sang Qu 桑曲

Zayul Qu 察隅曲

Hkakabo Razi 5881

DANDALIKA SHAN (Upper Irrawaddi)

Drung Jiang (Upper Irrawaddi)

獨龍江

Nmai (Irrawaddi)

Tonada La 東達拉 ✕ 5008

Zhogang 左貢

TAWAN TAWEN SHAN 玉曲

Yu Qu

怒江

Zayi 扎玉

Mukong Xueshan 木孔雪山 6005

Nu Jiang

BAXOILA LING (Salween River)

GAOLIGONG S

Gongshan 貢山

Sichuan-Tibet High way

2668

Dungri Garpo 動日戛波 6090

Damyon 大米勇 6324

Chagelazi 查格腊子 6146

川蔵公路

MARKAM SHAN

Lancang Jiang

NU SHAN

滇蔵公路

Kawagebo 卡瓦格博 6740

Doker La 多克拉 4478

Kawakabu 嘎瓦嘎普 5128

怒江

NU SHAN

Markam 芒康

Man Tso 4450 莽錯

紅拉山 4200

Yangjing 塩井

(Mekong River)

瀾滄江

Lancang Jiang

Deqen 德欽

4292

Zhalaqueni 扎拉雀尼 (白芒雪山) 5429

↑巴塘 Batang

River of Golden Sand (Upper Yangtze River)

金沙江

NINCHIN SHAN

YUNLING

(Mekong River)

MYANMAR

0 10 20 30 40km

Map of Gorge Country

97°00'E

99°00'E

29°30′N

29°00′N

28°30′N

28°00′N

N

East of the Himalaya-Mountain Peak Maps

(Meili Snow Mountains)
Kawagebo
6740m
Cogar Lapka
6509m
5961m
Damyon
6324m
Jiamutongnan
5925m
Dungri Garpo
6090m

Kawagebo 6740m (Meil Snow Mountains)

Viewed from Deqen town, Yunnan

Pk 5961m   Pk 5800m   **Damyon 6324m**   Pk 6000m   Pk 6000m   Pk 6045m   Pk 6000m

Damyon Massif east face

Dungri Garpo east face view'd from 4200m

Part 11. West Sichuan Highlands
(Chengdu~Lhasa/Yushu)

Sejong, Chola Shan, Gangga

Yangmolong, Xiangqiuqieke

Xiashe, Garranpunsum

Genyen, Kameilong, Sachun

Xianre Ri, Yangmaiyong

Minya Konka, Zhongshan, Mt. Edgar, Jiazi

Mt. Siguniang, Yangmantai, Kongga

Pk 5700m+

Pk 5600m+

Pk 5000m+

Pk 5600m+

Pk 5700m+

Pk 5600m+

Qinghai Province   Massif south of Yushu Airport

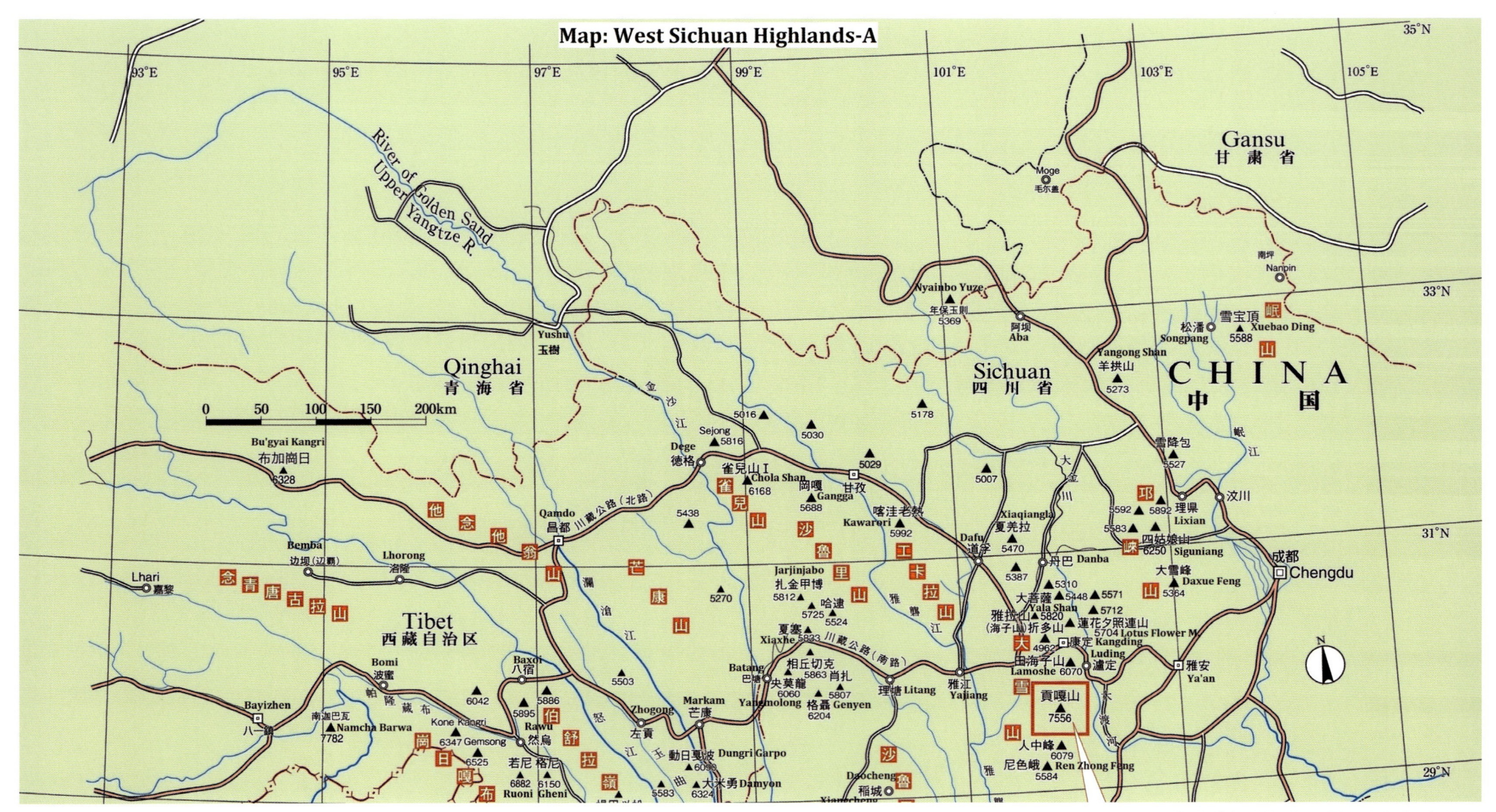

Map: West Sichuan Highlands-A

East of the Himalaya-Mountain Peak Maps

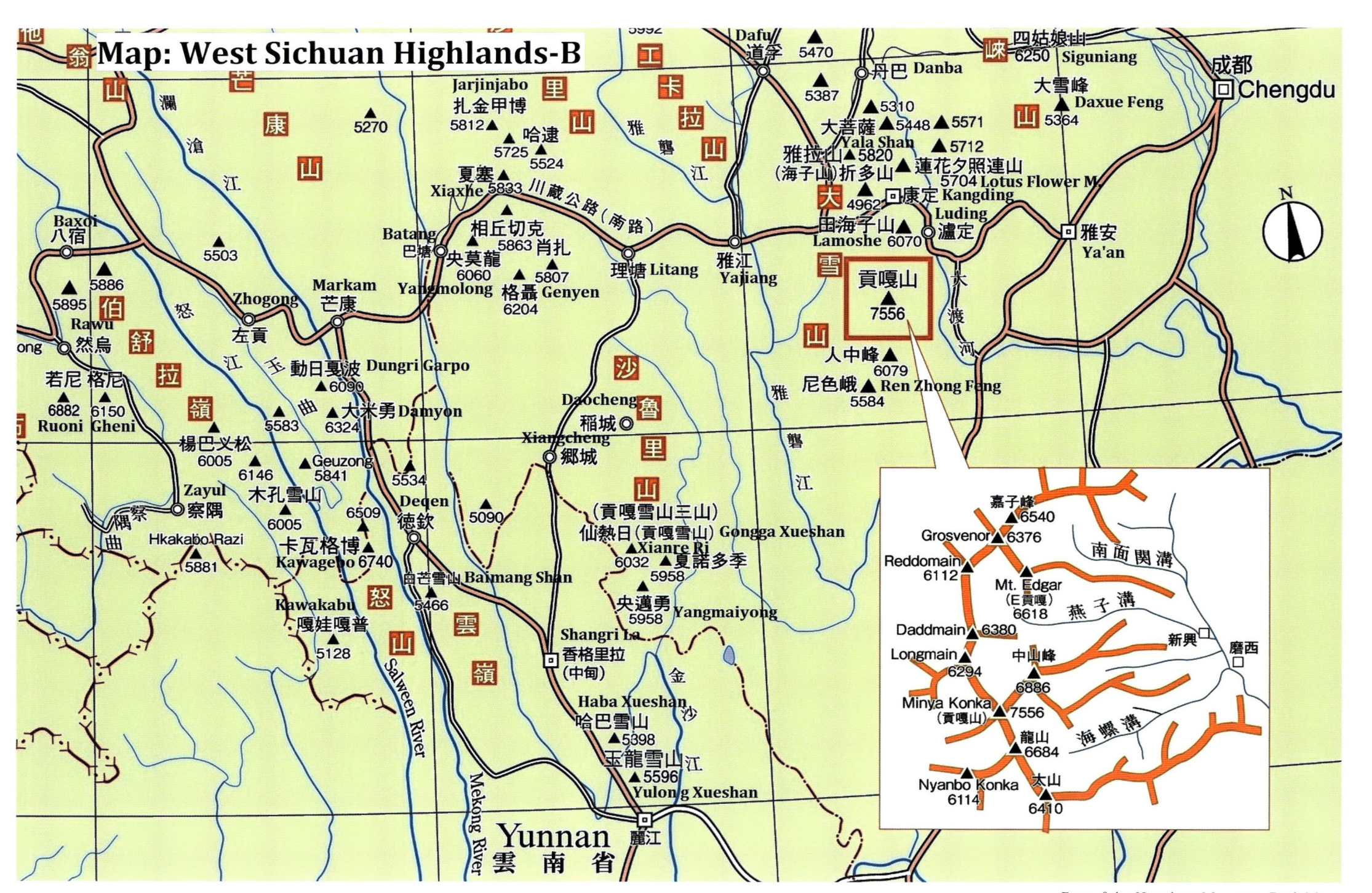

Map: West Sichuan Highlands-B

翁山　芒山　康　山　里　山　工　卡拉山　峽　四姑娘山　6250 Siguniang　成都　Chengdu

澜滄江　Jarjinjabo 扎金甲博 5812▲　哈連 5725 5524　雅礱江　Dafu 道孚 5470　丹巴 Danba　5387　大雪峰　Daxue Feng 5364

5270　5725 5524　夏塞 Xiaxhe 5833　川藏公路（南路）　大菩薩 Yala Shan 5310 5448 5571　5712 蓮花夕照連山 Lotus Flower M. 5704

Baxoi 八宿　5503　Batang 巴塘　相丘切克 5863 肖扎　央莫龍 6060 Yangmolong　5807 格聶 Genyen 6204　理塘 Litang　雅江 Yajiang　雅拉山 5820（海子山）折多山　康定 Kangding　4962　瀘定 Luding

5886　5895 伯　Rawu 然烏　Zhogong 芒康 Markam 左貢　動日夏波 ▲6090 Dungri Garpo　田海子山 Lamoshe 6070　大雪山　貢嘎山 ▲ 7556

若尼 格尼 6882 6150 Ruoni Gheni　怒江　玉曲　大米勇 Damyon ▲5583 6324　大渡河　雅安 Ya'an

楊巴义松 6005 6146 Geuzong ▲5841　5534　Xiangcheng 鄉城　人中峰 ▲6079　尼色峨 ▲ Ren Zhong Feng 5584

Zayul 察隅　木孔雪山 6005 6509 Deqen 徳欽　5090　沙魯里山　雅礱江

Hkakabo Razi　卡瓦格博 Kawagebo 6740 5881　（貢嘎雪山三山）仙熱日（貢嘎雪山）Gongga Xueshan 仙熱日 Xianre Ri 6032 夏諾多季 5958

Kawakabu 嘎娃嘎普 5128　怒山嶺　白芒雪山 Baimang Shan 5466　央邁勇 5958 Yangmaiyong

Shangri La 香格里拉（中甸）　Yunnan 雲南省

Haba Xueshan 哈巴雪山 ▲5398　玉龍雪山 ▲5596 Yulong Xueshan　金沙江

麗江

Inset (貢嘎山 detail)

嘉子峰 ▲6540　南面関溝　Grosvenor ▲6376　Reddomain ▲6112　Mt. Edgar（E貢嘎）6618　燕子溝　新興　磨西　Daddmain ▲6380　Longmain ▲6294　中山峰 6886　Minya Konka（貢嘎山）▲7556　海螺溝　龍山 ▲6684　Nyanbo Konka 6114　太山 ▲6410

5802m

Chola Shan II
6119m

Chola Shan I
6168m

5898m

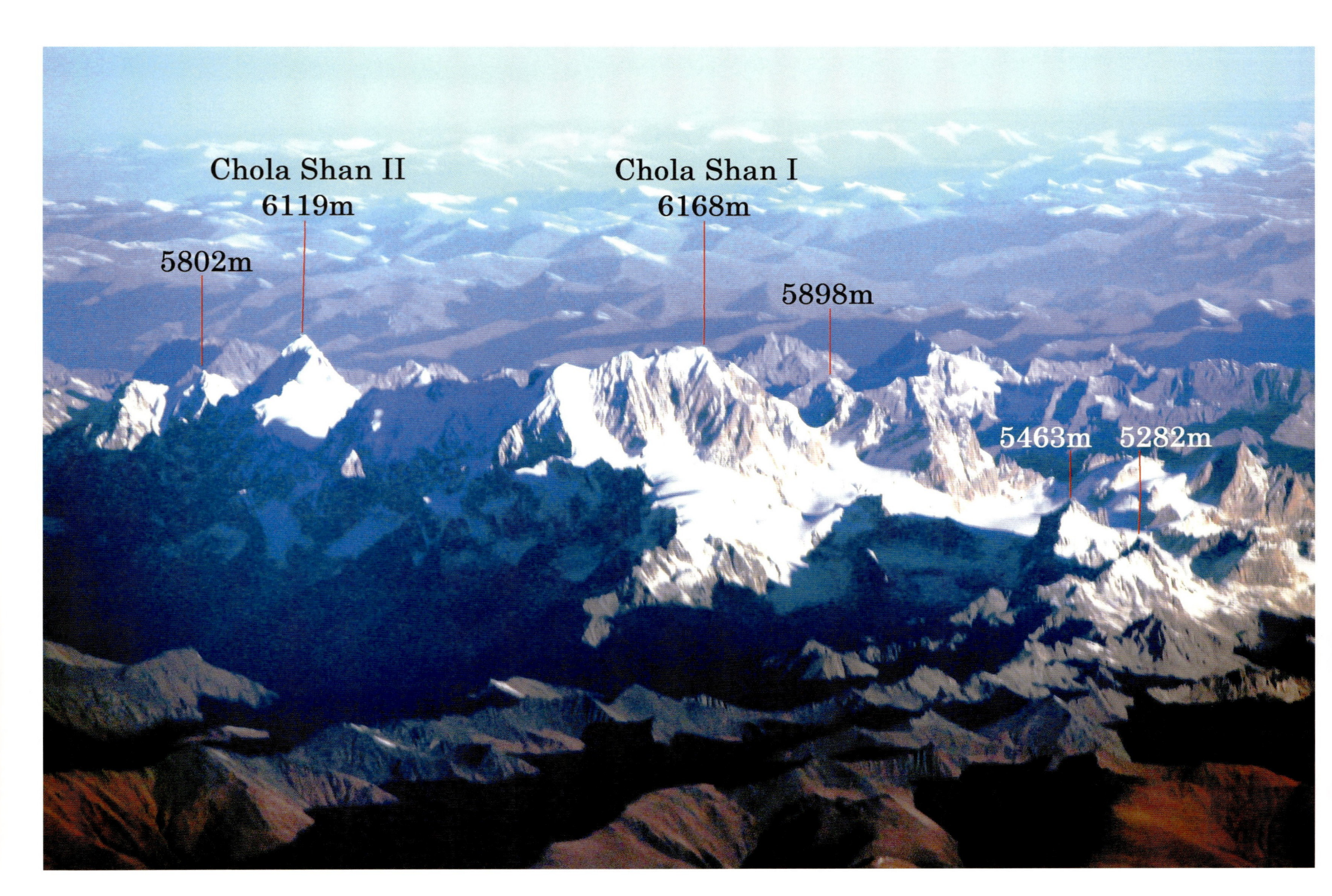

Chola Shan II
6119m

5802m

Chola Shan I
6168m

5898m

5463m 5282m

Pk 5328m+

Pk 5485m+

Pk 5461m+ Pk 5391m+

Pk5436m+

Pk 5337m+

Pk 5328m+

Pk 5243m+

Gangeqiaji massif
(Massif between Gangga and Chola Shan)

Pk 5485m+

Pk 5436m+

Pk 5337m+

Ganggeqiaji massif
(Massif between Gangga & Chola Shan)

Pk 5690m

Pk 5429m

Pk5286m

Gangga II 5582m
Pk 5570m+

Gangga III
5525m
Pk 5510m+
Pk 5414m+

Gangga I Main Peaks
5688m, 5670m, 5650m

Pk 5410m

View from 4,000m pass east of Ganzi

Pk 5136m

Pk 5426m

Pk 5400m

5688m
Gangga I Main

Pk 5510m+

Pk 5410m

Gangga III
5525m

Gangga I
Main   Central   North
5688m   5670m   5650m

Pk 5510m+

Pk 5400m

Gangga III 5525m

Pk 5410m

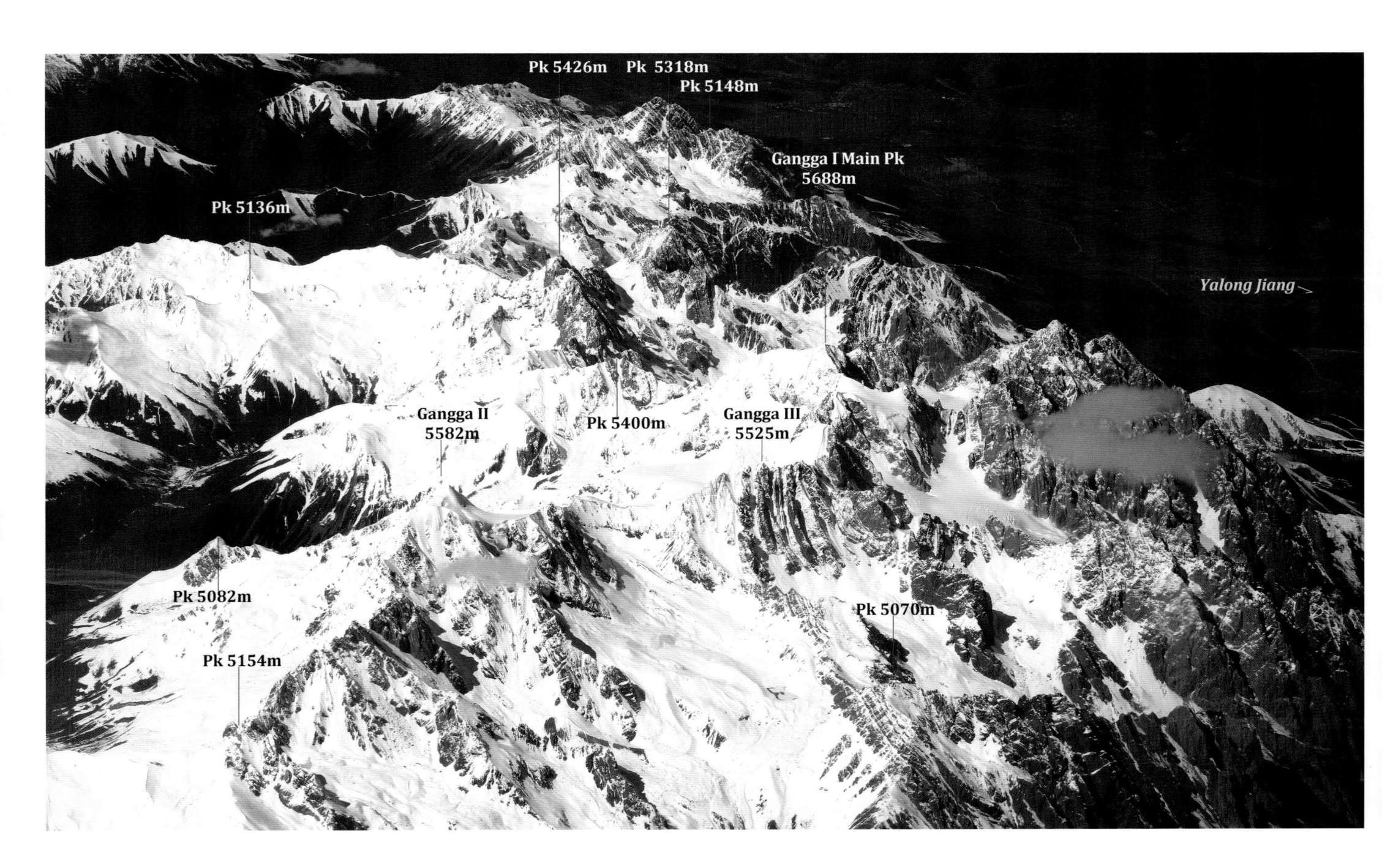

Pk 5426m Pk 5318m
Pk 5148m

Gangga I Main Pk
5688m

Pk 5136m

Yalong Jiang

Gangga II
5582m

Pk 5400m

Gangga III
5525m

Pk 5082m

Pk 5070m

Pk 5154m

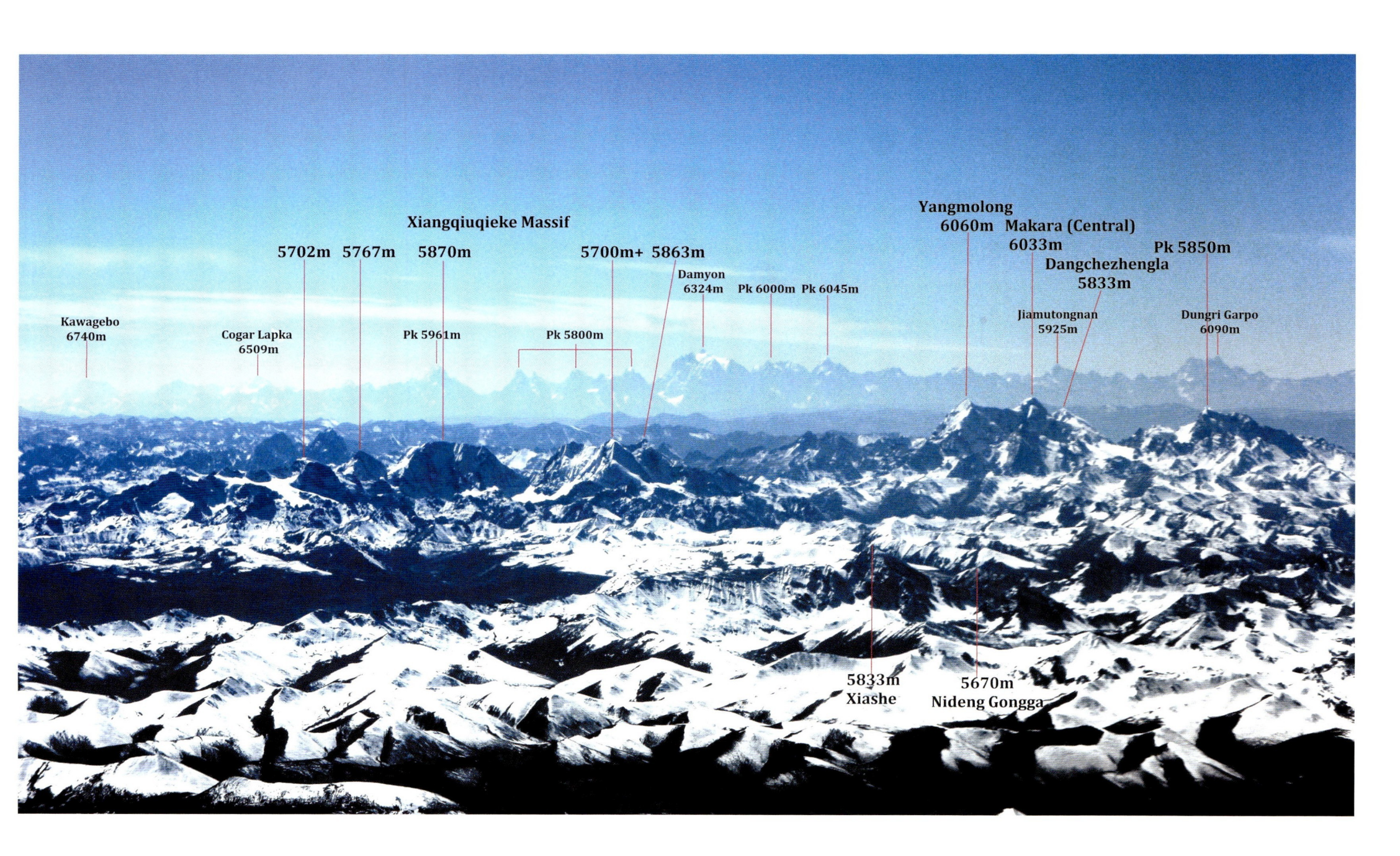

Xiangqiuqieke Massif

Yangmolong
6060m Makara (Central)
6033m
Dangchezhengla
5833m
Pk 5850m

5702m 5767m 5870m

5700m+ 5863m

Damyon
6324m

Pk 6000m Pk 6045m

Kawagebo
6740m

Cogar Lapka
6509m

Pk 5961m

Pk 5800m

Jiamutongnan
5925m

Dungri Garpo
6090m

5833m
Xiashe

5670m
Nideng Gongga

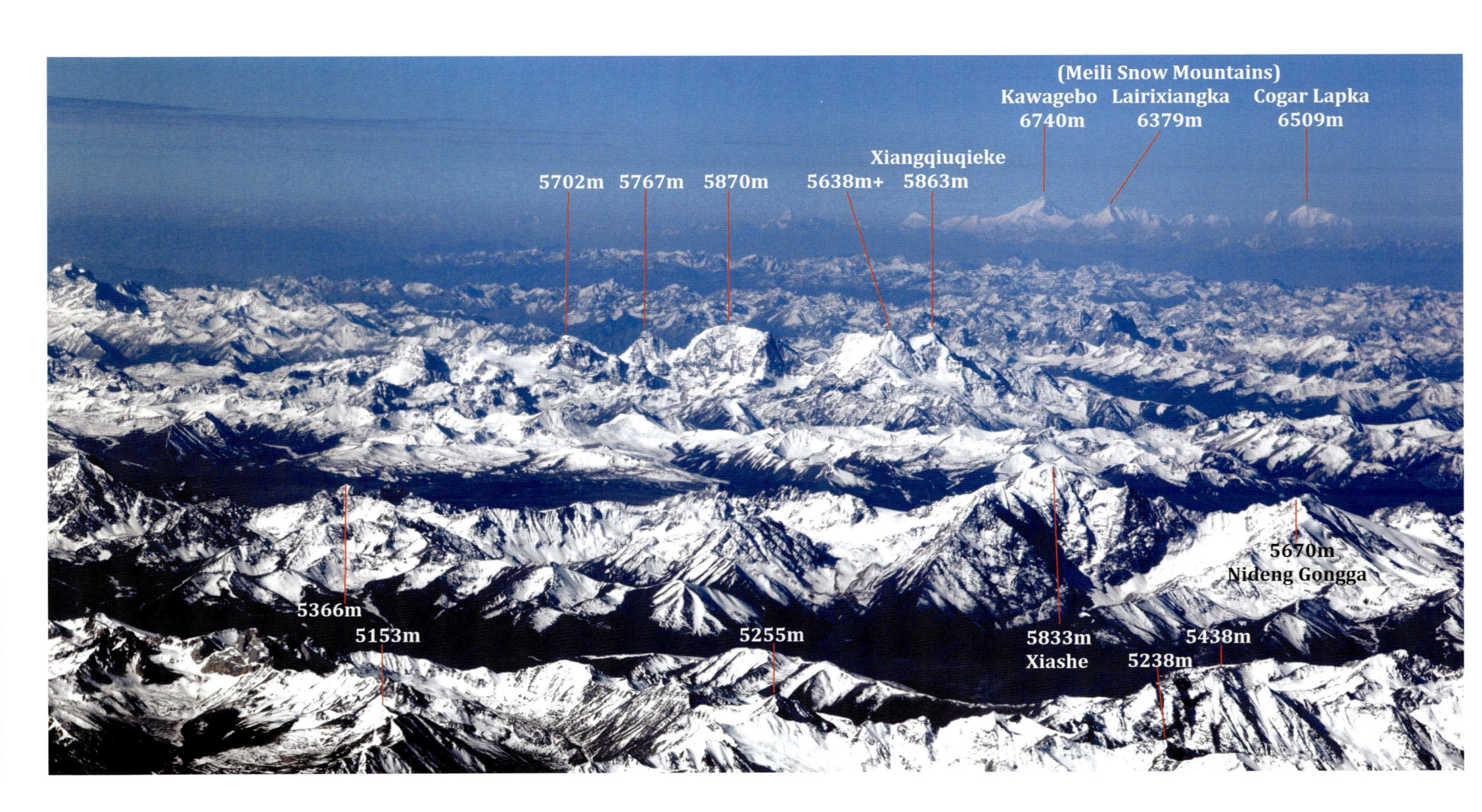

(Meili Snow Mountains)
Kawagebo 6740m Lairixiangka 6379m Cogar Lapka 6509m
Xiangqiuqieke
5702m 5767m 5870m 5638m+ 5863m
5670m Nideng Gongga
5366m
5153m 5255m 5833m Xiashe 5438m 5238m

Xiangqiuqieke
5863m

6740m   6379m
Kawagebo Lairixiangka
(Meili Snow Mountains)

6509m
Cogar Lapka

6060m   6033m   5833m   5850m
Yangmolong Makara Dangchezhengla

5130m

Garranpunsum
5812m

5442m

5392m

5350m

5434m

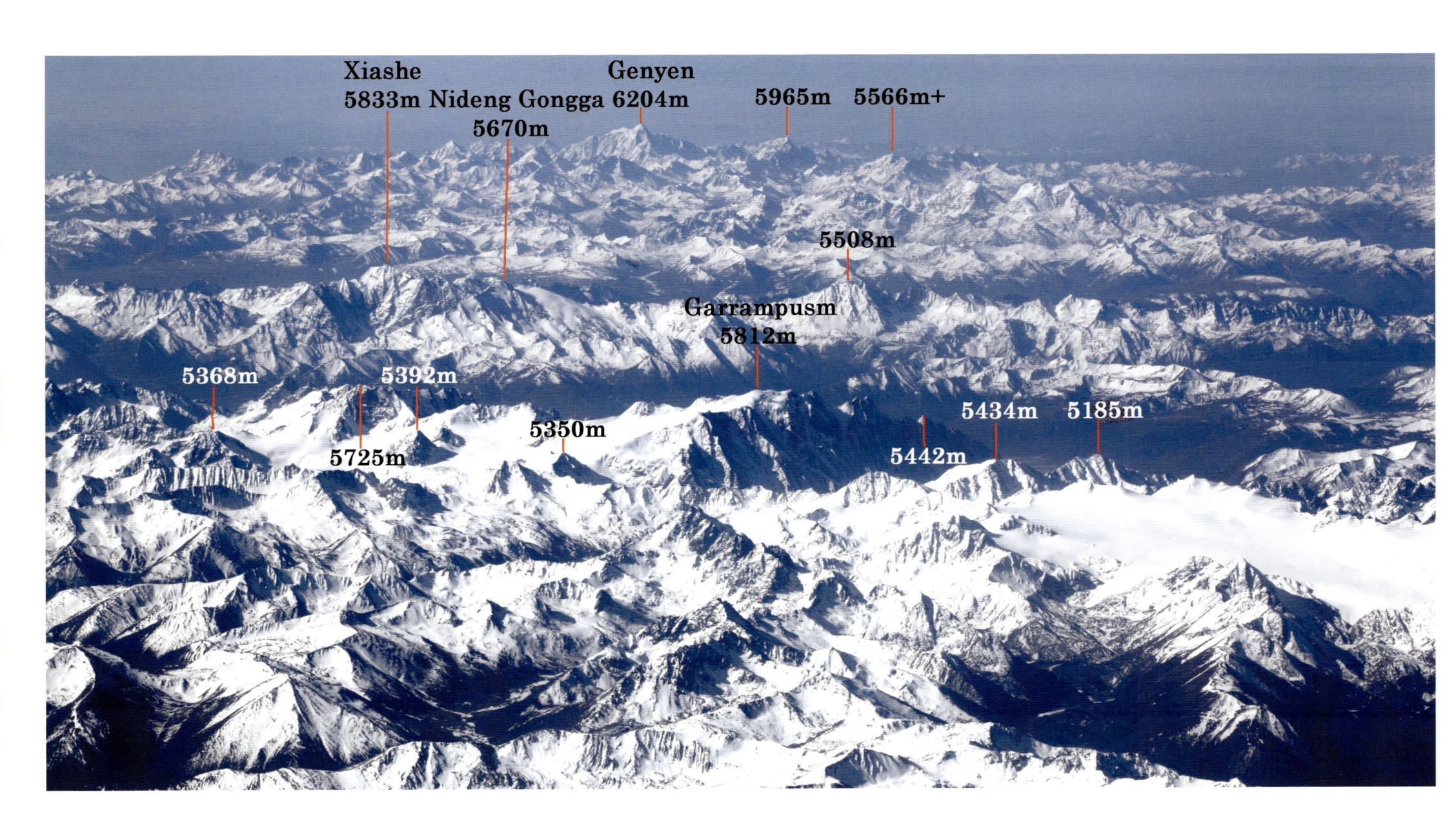

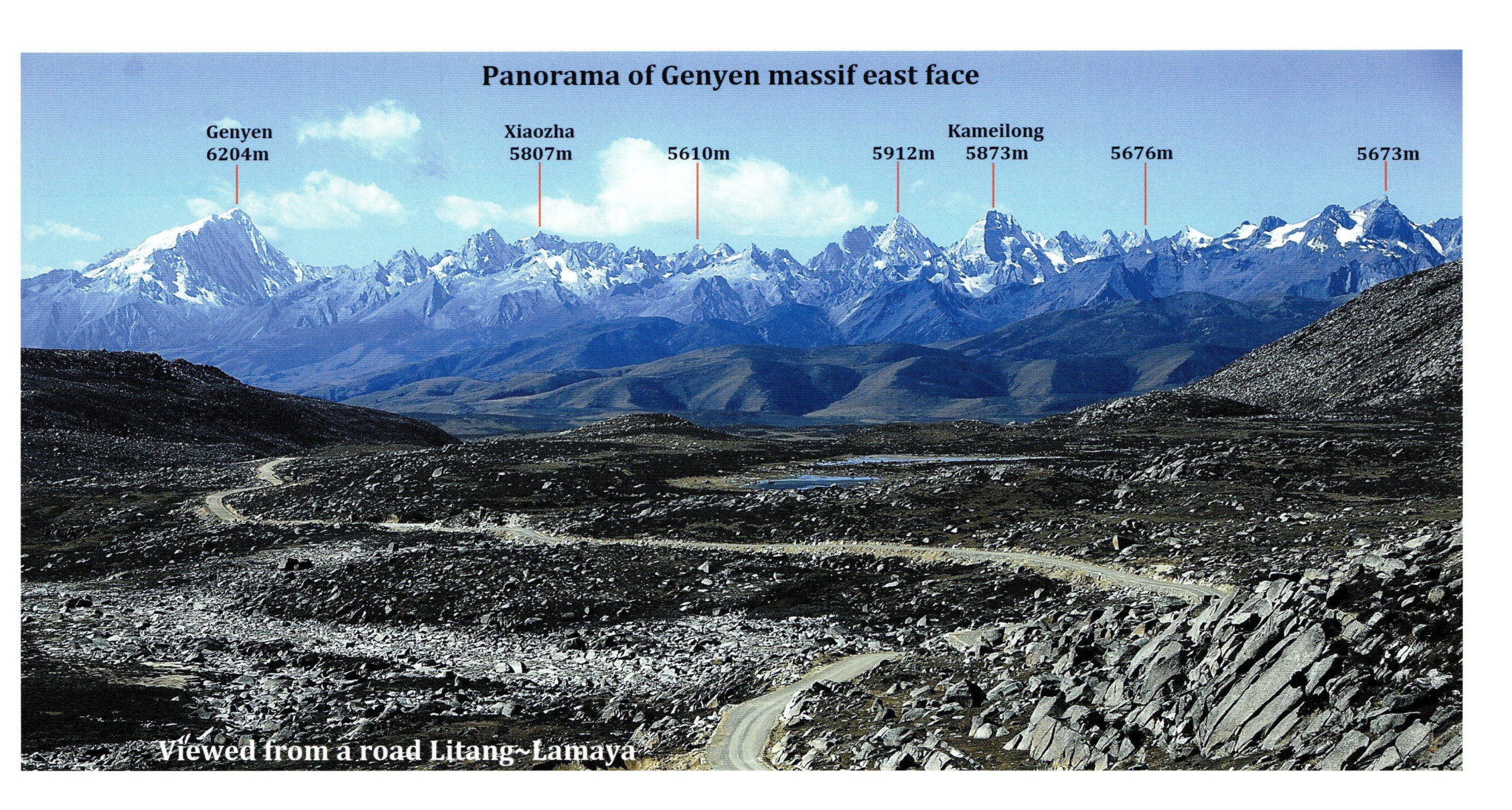

Panorama of Genyen massif east face

Genyen
6204m

Xiaozha
5807m

5610m

5912m

Kameilong
5873m

5676m

5673m

Viewed from a road Litang~Lamaya

Kameilong
喀麥隆
5873m

5698m 5864m

Xiaozha肖扎
5807m

5912m

5610m

Genyen
6204m

5863m 5676m

Asa
5800m

Sachen
5716m

5838m

5965m

Xiaxion 霞兄
5458m

5687m

Valley of Route G318

5609m

Yangmaiyong
5958m

Xianre Ri
6032m

Xaruo Doje
5958m

Genyen
6204m

Yangmaiyong
5958m

Xianre Ri
6032m

Yangmaiyong 5958m

Viewed from scenic spot of Gongga Xueshan
Daocheng, Sichuan

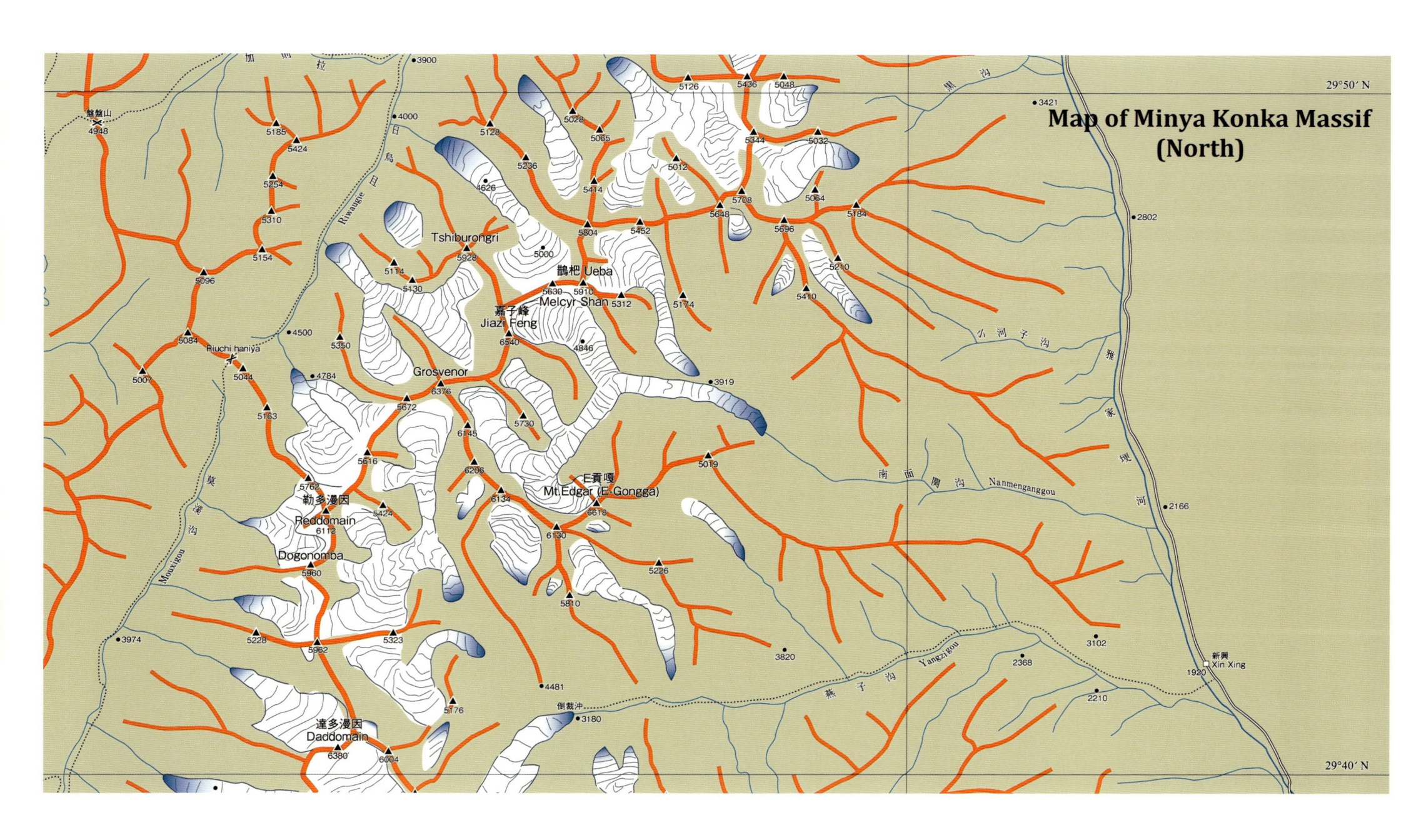

Map of Minya Konka Massif (North)

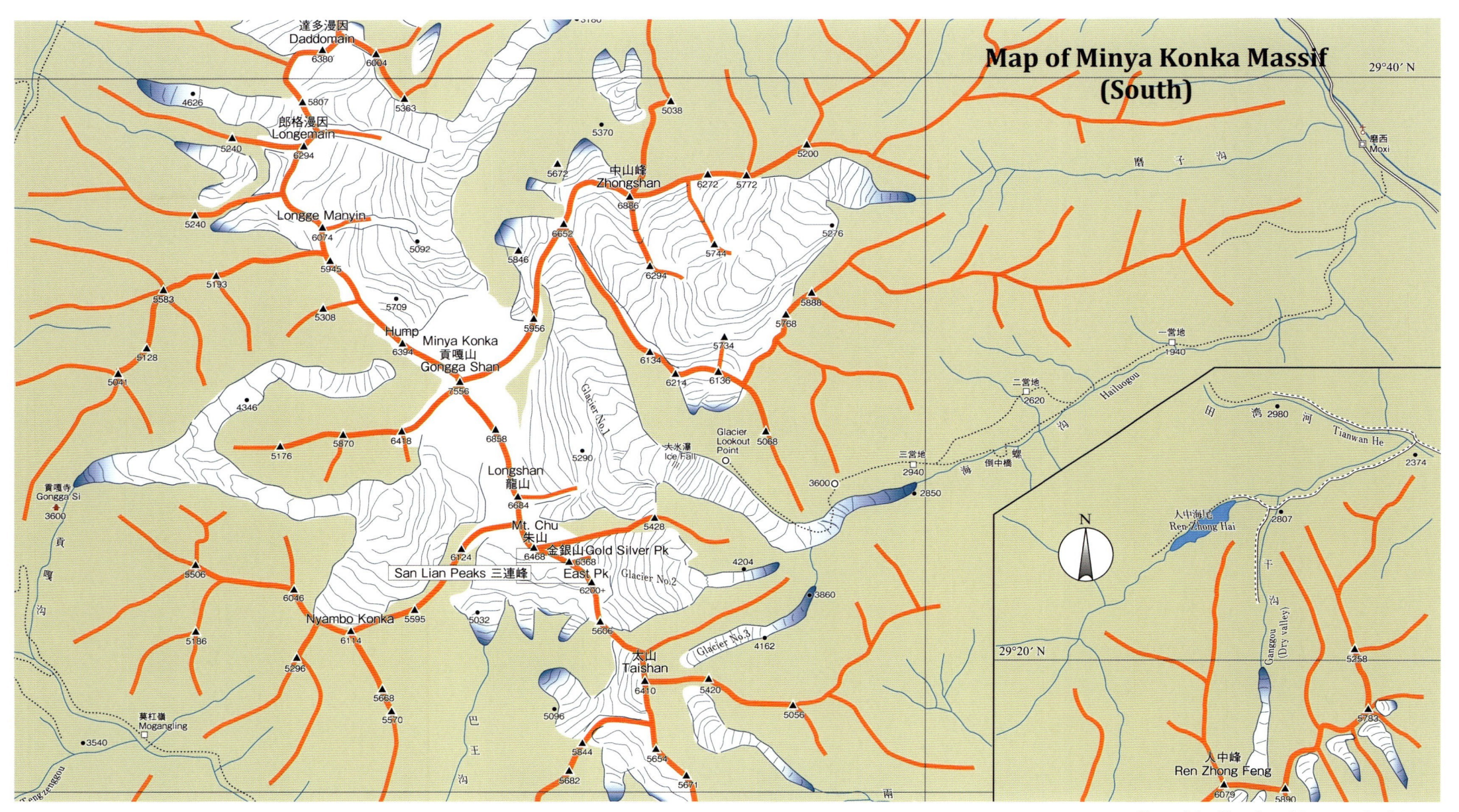

Map of Minya Konka Massif (South)

East of the Himalaya-Mountain Peak Maps

Pk 5890m

Ren Zong Feng
6079m

Pk 5642m

Tai Shan
6410m

Longshan
6684m

Minya Konka 7556m

Mt. Edgar
6618m

6886m
Zhongshan

Pk 5076m+

Mosigou Gl.

Dapinshan
5412m

Pk 4844m+

Pk 4739m+

Pk 4451m+

Pk 4933m+

Pk 4751m+

Pk 4723m+

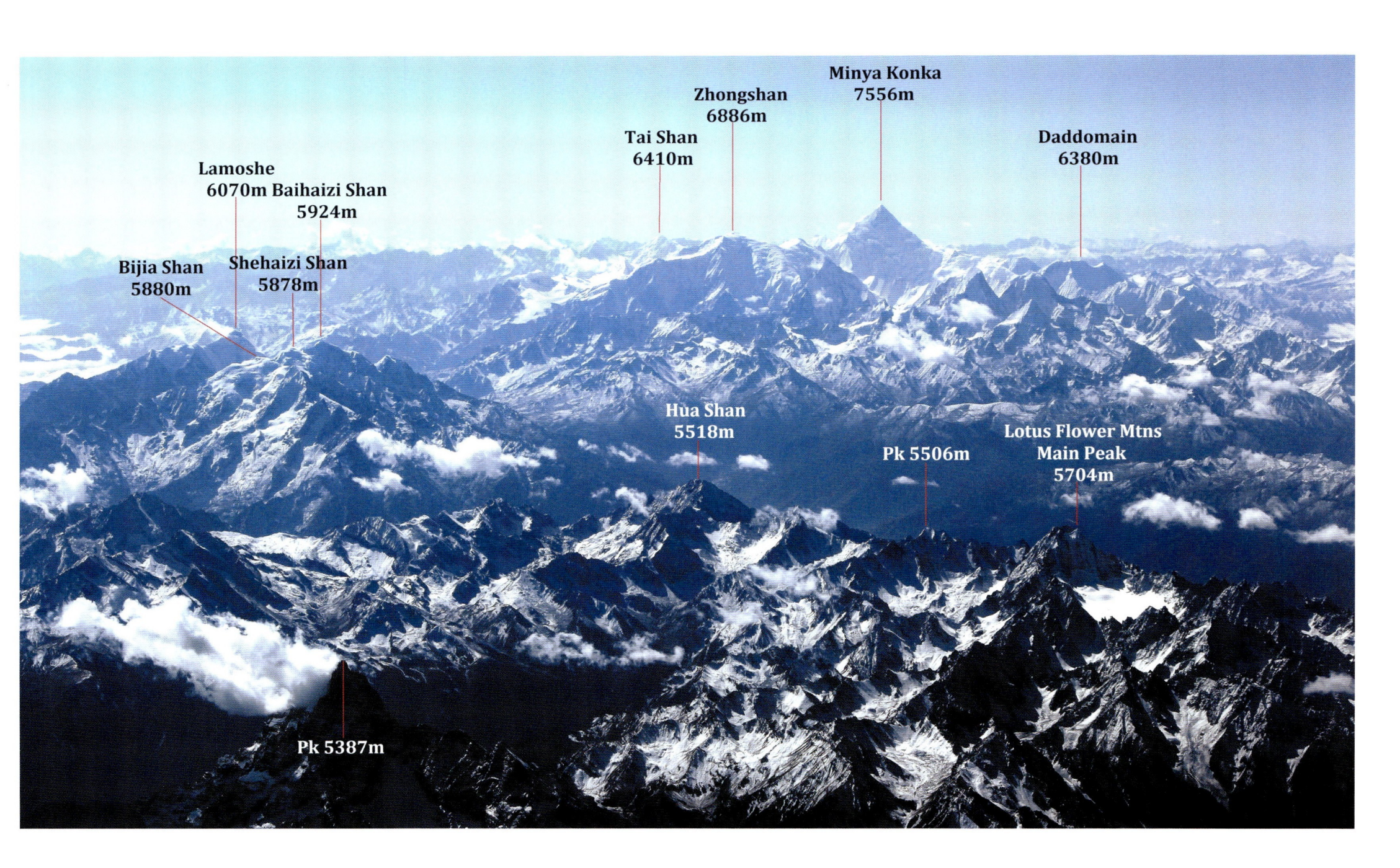

Lamoshe
6070m

Yala (Haizi) Shan
5820m

5278m+

5002m

Mt. Edgar
6618m

Zhongshan
6886m

Minya Konka
7556m

6540m
Jiaz

6376m
Grosvenor

大炮南山4804m

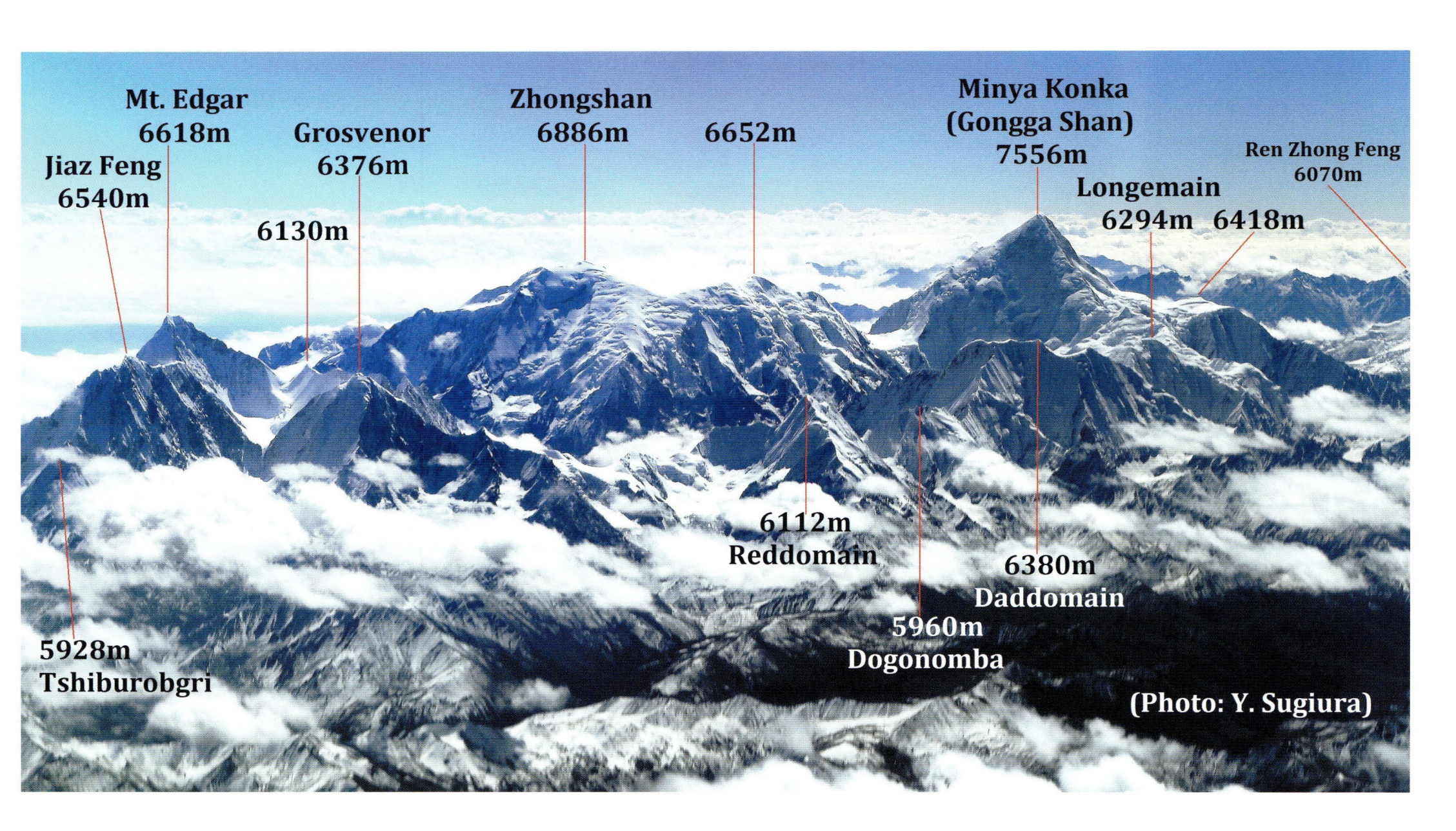

Jiaz Feng 6540m · Mt. Edgar 6618m · Grosvenor 6376m · 6130m · Zhongshan 6886m · 6652m · Minya Konka (Gongga Shan) 7556m · Longemain 6294m · 6418m · Ren Zhong Feng 6070m · 6112m Reddomain · 5960m Dogonomba · 6380m Daddomain · 5928m Tshiburobgri · (Photo: Y. Sugiura)

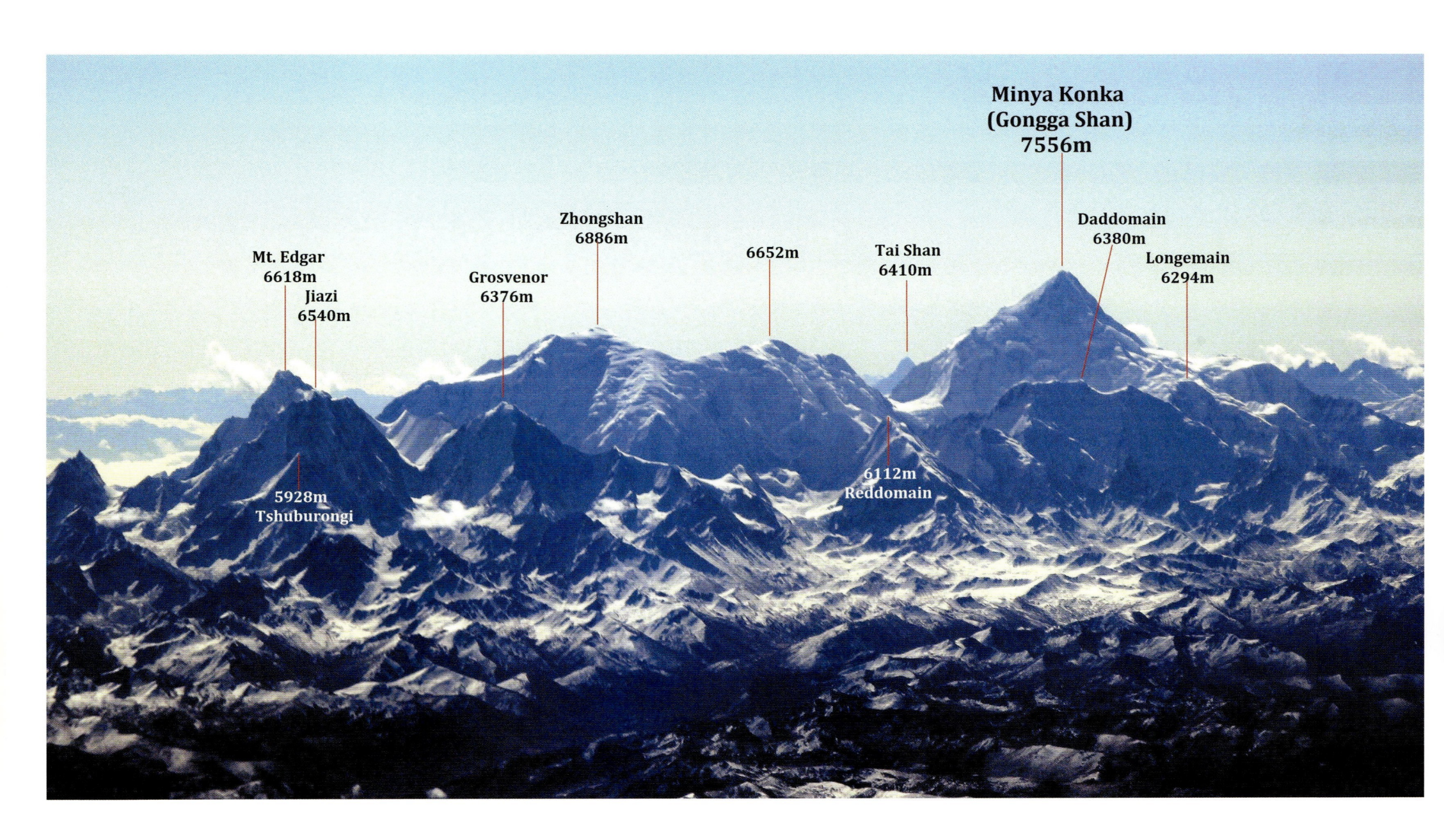

Minya Konka
(Gongga Shan)
7556m

Zhongshan
6886m

Daddomain
6380m

Mt. Edgar
6618m

6652m

Tai Shan
6410m

Longemain
6294m

Grosvenor
6376m

Jiazi
6540m

6112m
Reddomain

5928m
Tshuburongi

6886m
Zhongshan

Minya Konka
7556m
Gongga Shan

6618m
Mt. Edgar

6540m
Jiazi Feng

5828m
Tshiburongri

Photo taken from Lamoshe

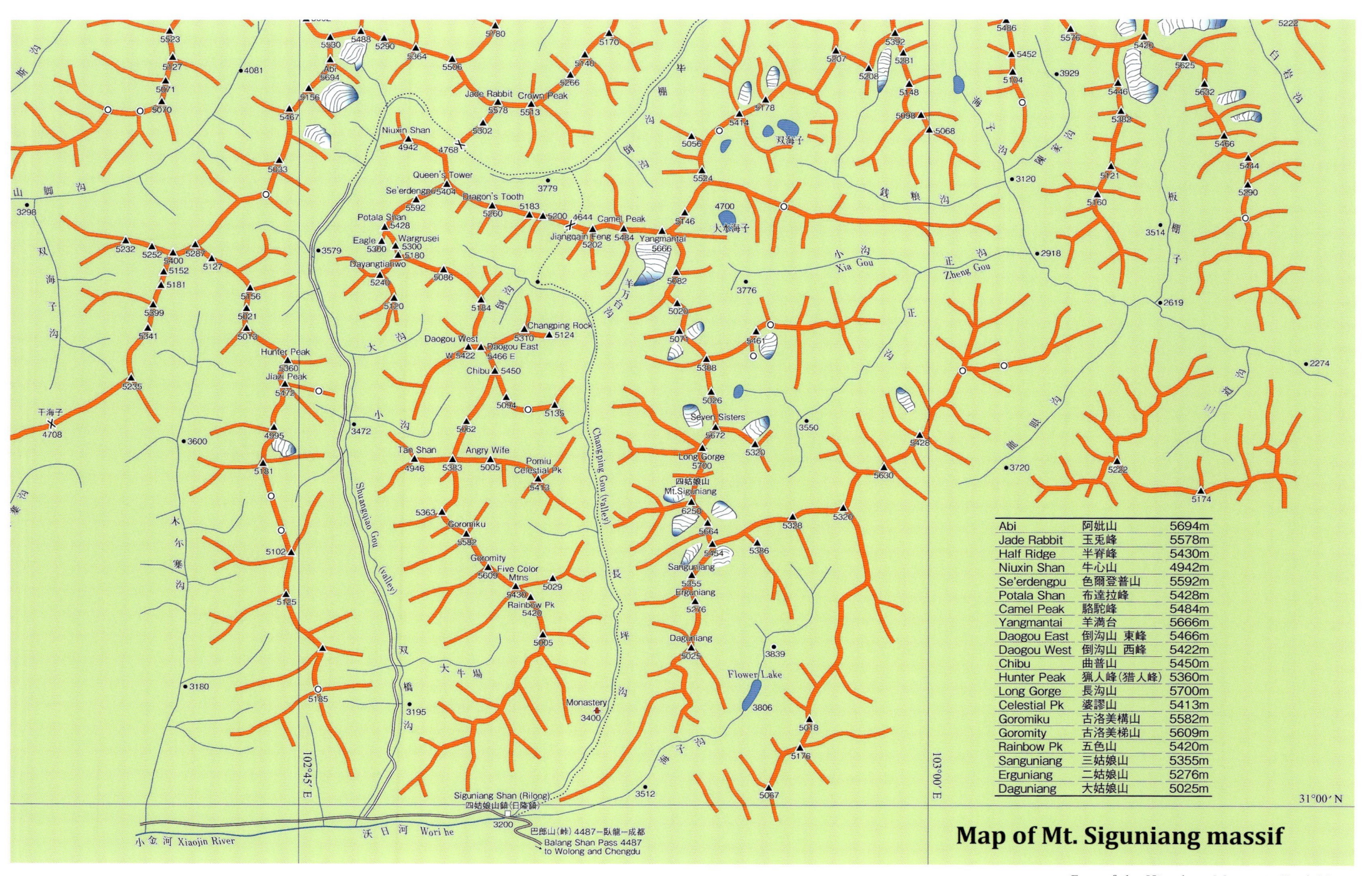

Map of Mt. Siguniang massif

Abi	阿妣山	5694m
Jade Rabbit	玉兔峰	5578m
Half Ridge	半脊峰	5430m
Niuxin Shan	牛心山	4942m
Se'erdengpu	色爾登普山	5592m
Potala Shan	布達拉峰	5428m
Camel Peak	駱駝峰	5484m
Yangmantai	羊滿台	5666m
Daogou East	倒沟山 東峰	5466m
Daogou West	倒沟山 西峰	5422m
Chibu	曲普山	5450m
Hunter Peak	猎人峰(猫人峰)	5360m
Long Gorge	長沟山	5700m
Celestial Pk	婆謬山	5413m
Goromiku	古洛美構山	5582m
Goromity	古洛美梯山	5609m
Rainbow Pk	五色山	5420m
Sanguniang	三姑娘山	5355m
Erguniang	二姑娘山	5276m
Daguniang	大姑娘山	5025m

East of the Himalaya-Mountain Peak Maps

— 221 —

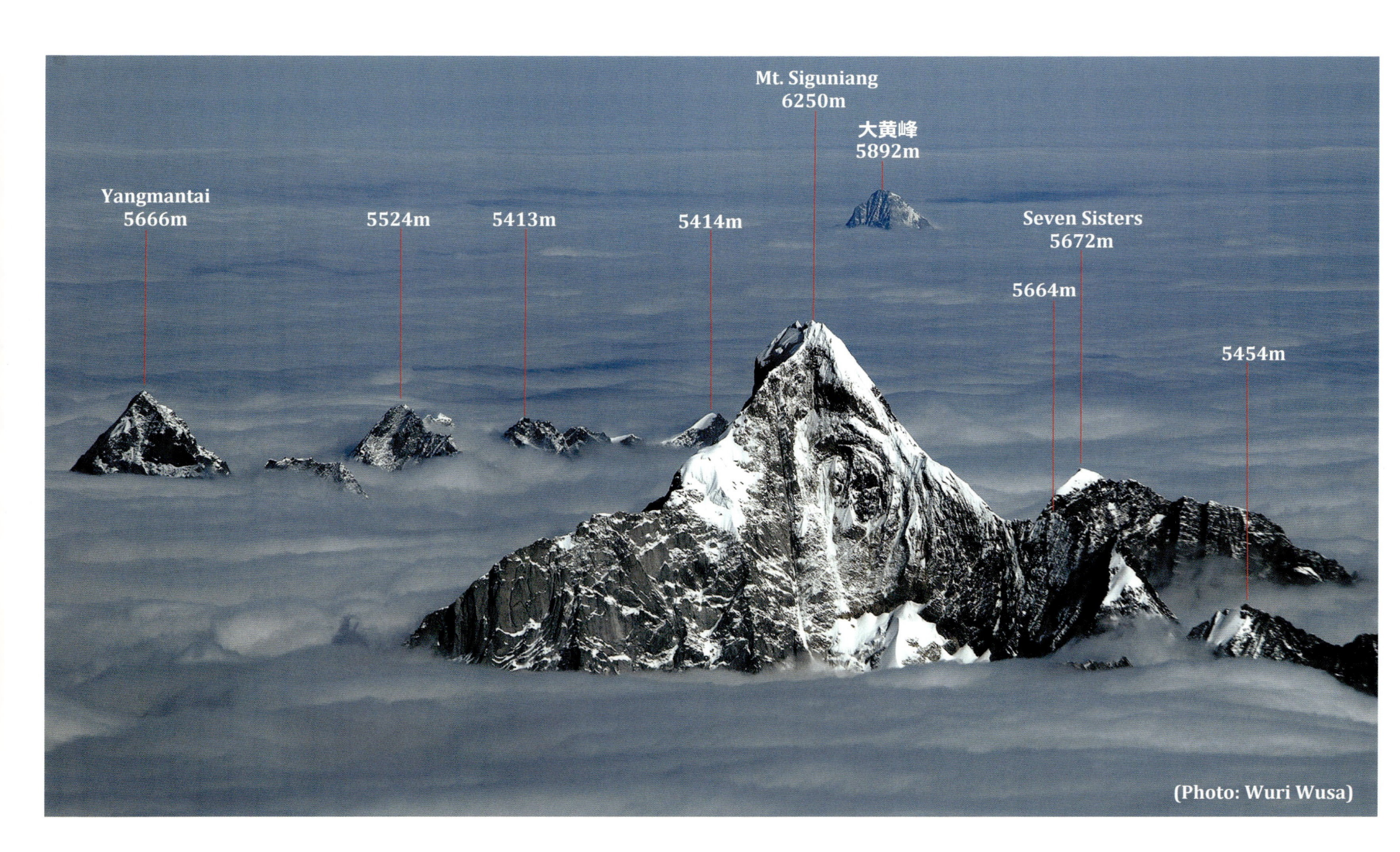

Mt. Siguniang
6250m

大黄峰
5892m

Yangmantai
5666m

5524m

5413m

5414m

Seven Sisters
5672m

5664m

5454m

(Photo: Wuri Wusa)

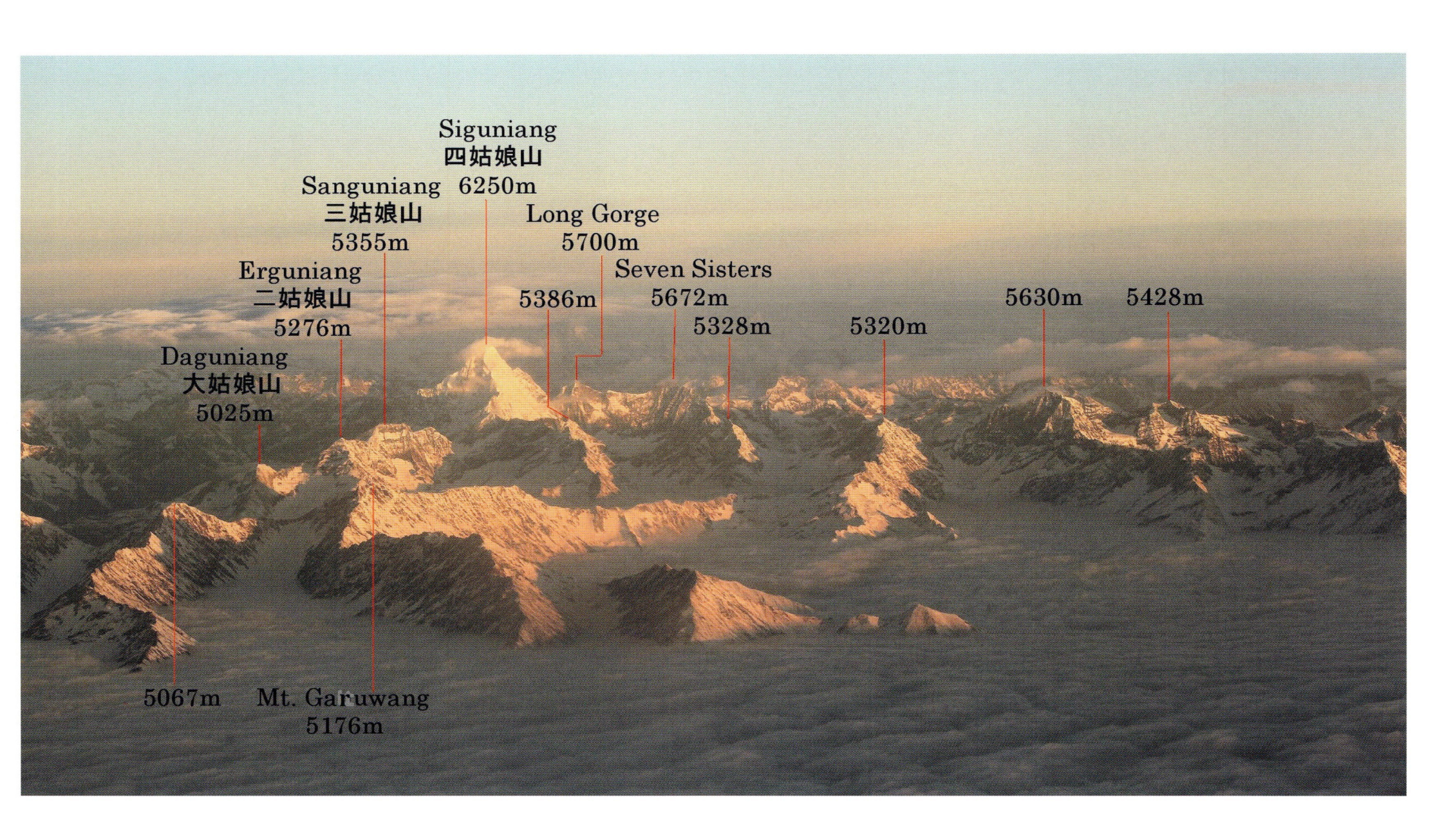

Daguniang 大姑娘山 5025m

Erguniang 二姑娘山 5276m

Sanguniang 三姑娘山 5355m

Siguniang 四姑娘山 6250m

Long Gorge 5700m

Seven Sisters 5672m

5386m

5328m

5320m

5630m

5428m

5067m

Mt. Garuwang 5176m

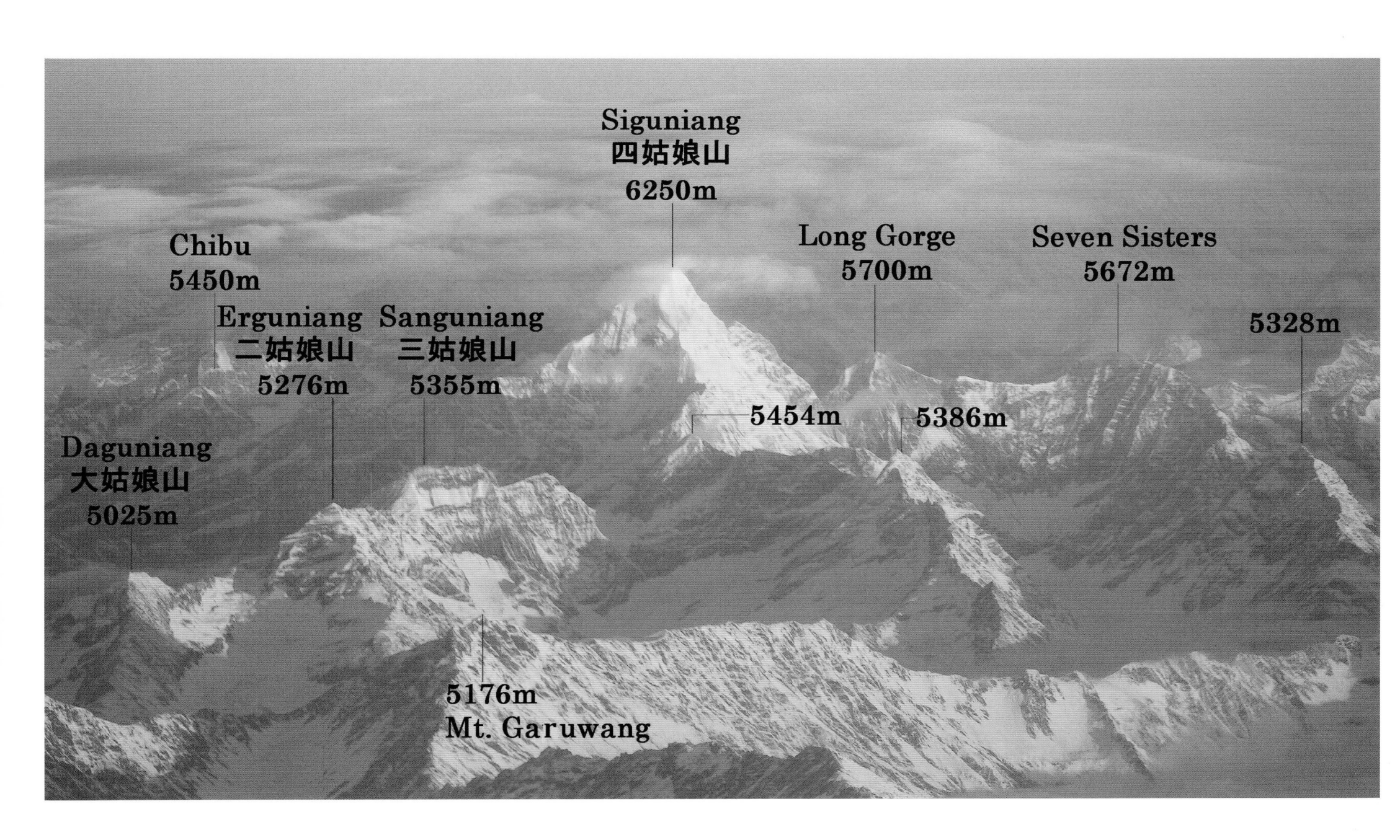

Siguniang
四姑娘山
6250m

Chibu
5450m

Long Gorge
5700m

Seven Sisters
5672m

Erguniang
二姑娘山
5276m

Sanguniang
三姑娘山
5355m

5328m

5454m

5386m

Daguniang
大姑娘山
5025m

5176m
Mt. Garuwang

Mt. Siguniang 6250m south face
Photo: Yoshiharu Sugiura

Crown Peak
5513m

馬槽峰
5428m

Pk 5266m

Camel Peak
5484m

Pk 5310m

Pk 5285m+

Mt. Siguniang
6250m

Yangmantai
5666m

Seven Sisters
5672m

Pk 5524m

Pk 5414m

Pk 5230m+

Pk 5144m+

Pk 5176m

Pk 5664m

5202m
Jiangqain Feng

Sanguniang
5355m

Pk 5454m

5386m

Pk 5386m

5278m
Erguniang

5025m
Daguniang

Pk 5007m

Pk 5067m

4995m+ 4947m+ 5133m+(Next to Yala Shan）

Bodhisattva
大菩薩 5448m

5450m

5244m+ 5340m

5199m+ 5202m+

5030m

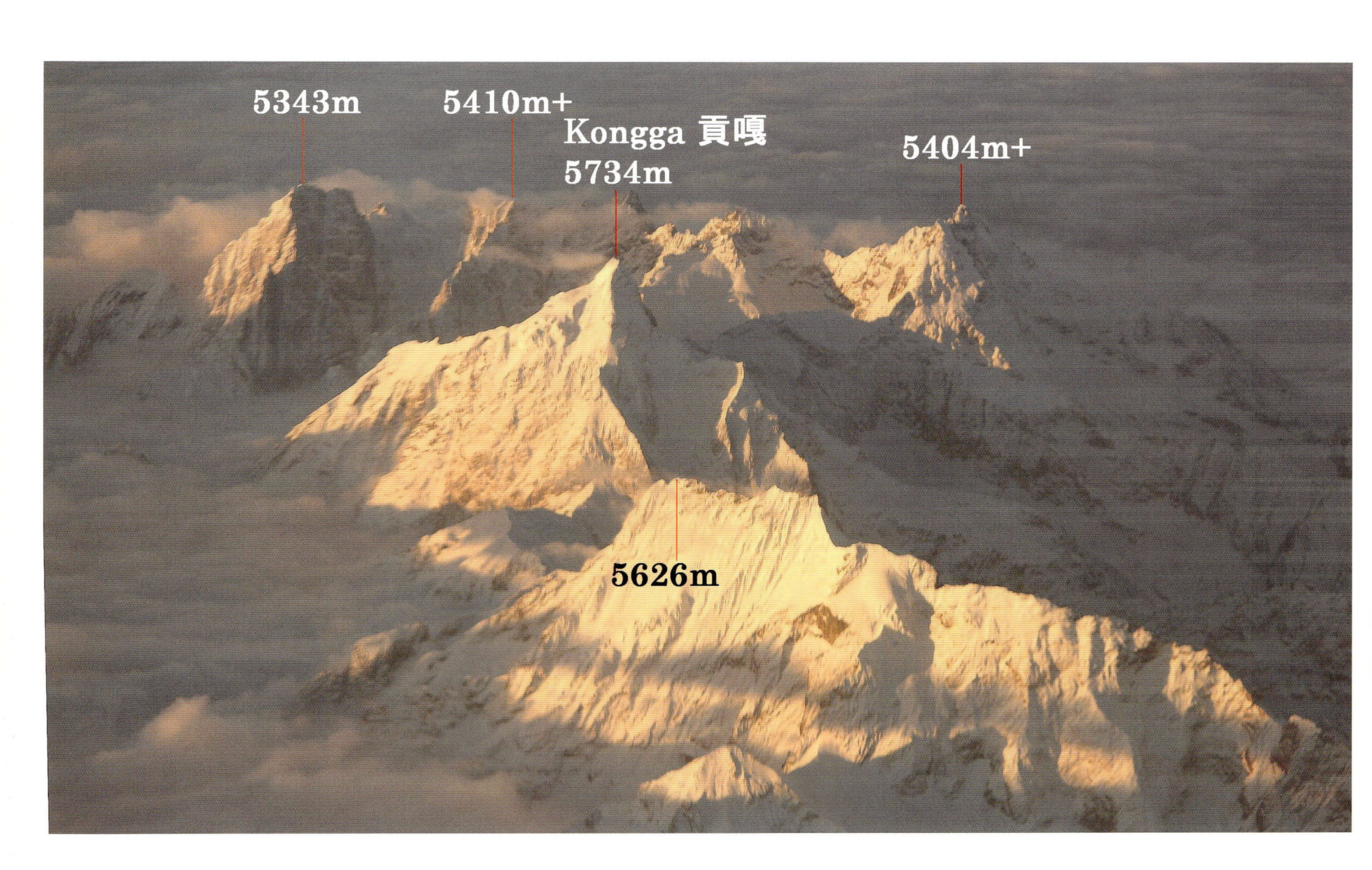

5343m

5410m+

Kongga 貢嘎
5734m

5404m+

5626m

Kongga 5734m

Pk 5343m+

Pk 5410m+

Pk 5404m+

Pk 5626m

Pk 5104m+

Pk 5172m

Tamotsu (Tom) Nakamura – A pioneer of Alps of Tibet

1934   Born in Tokyo, Japan

1953   Began with climbing in Hitotsubashi University Mountaineering Club

1961   Expedition to Peru and Bolivia Andes. First ascent of Pucahirca Norte 6046m, Cordillera Blanca in Peru and 3 first ascents and several 2nd ascents in Cordillera Apolobamba and Pupuya in Bolivia

1967 – 1971   Lived in Pakistan   1975 – 1982   Lived in Mexico

1984 – 1989   Lived in New Zealand   1989 – 1994   Lived in Hong Kong

During the 29 years from 1990 to 2018 he made 40 exploratory journeys to **"East of the Himalayas – the Alps of Tibet and Beyond",** mountains of South, East and SE Tibet and Hengduan Mountains of Northwest Yunnan, West Sichuan and Qinghai.

These journeys are:-

Visit to Jade Dragon Mountains (Yulong Xueshan) in Lijiang, Yunnan 1990

Trekking to Qonglan Mountains, Mt. Siguniang, Sichuan 1990

Through the canyon of Salween River in the remotest Yunnan 1991

Trekking to Dadu River and eastern side of Minya Konka, Sichuan 1991

Omei Shan to Leibo, country of Yi Minority of Yangtze River 1991-1992

Reconnaissance of Chola Shan and surrounding peaks, Shicuan 1992

From Meili Snow Mountains, Yunnan, to Yanjing of southeast Tibet 1993

Min Shan range and northwest grassland, Sichuna 1993

Trekking to the west and east sides of Minya Konka, Sichuan 1994

Entering forbidden county "Zayul" from Kangri Garpo East, SE Tibet 1995

Circumnavigation of pilgrimage trail round Kang Karpo, Tibet/Yunnan 1996

Retracing "Long March" route and snow peaks, Dadu River, Sichuan 1997

Reconnaissance of unclimbed rock peaks, Qonglai range, Sichuan 1998

Deep Gorge Country and Mekong-Salween Divide, SE Tibet 1998

Exploring Kangri Garpo range and Zayul district in SE Tibet 1999

Searching for unexplored peaks and old trade path west of Litang, Sichuan 1999

Reconnaissance of Yangmolong and exploring Jarjinjabo, Sichuan 2000

3000km journeys from Sichuan to the source of Yellow River, Qinghai 2000

Exploring Nyainqentanglha East: Lhari /Yigong Tsangpo, East Tibet 2001

Exploring Nyainqentanglha East: Mountains north of Lake Basong, East Tibet 2001

Exploring Nyainqentanglha East: Access to the central part, East Tibet 2001

Exploring Nyainqentanglha East: Nenang and Unknown eastern part, East Tibet 2002

Source of Irrawaddy in the steps of F. M. Bailey, SE Tibet to Yunnan 2003

Exploring Nyainqentanglha East: Mountains east of Lake Basong, East Tibet 2004

Retracing missionaries' trails from Mekong to Salween from Yunnan 2004

Exploring Nyainqentanglha East: Forbidden Yi'gong Tsangpo, East Tibet 2005

Exploring (1) Nyainqentanglha East (2) Karngri Garpo East, East Tibet 2006

Exploring Deep Gorge Country along Yu Qu of upper Salween River, SE Tibet 2007

Exploring (1) Deep Gorge Country-Quest for veiled Dungri Garpo, SE Tibet 2008 (2) South of Minya Konka and north Daxue Shan, Sichuan 2008

5000km journeys in East Tibet exploring (1) Nyainaqentanglha East: Yi'ong Tsanpo and Botoi Tsangpo (2) Kangri Garpo East and West, East Tibet 2009

Upper Salween River (Nujiang) and Litang Plateau (Sichuan) to find veiled peaks 2010

Exploring the lower Yi'ong Tsanpo and Jiangpu Glacier, East Tibet 2011

Peaks identification in West Sichuan Highlands and retracing footsteps of the 19th century French Mekong River Expeditions 2012

4500km journey through eastern Tibet: Sichuan-Qinghai June 2013

Exploring south Tibet to Tarlha Ri massif Oct 2013

Exploring south Tibet-south of Yarlung Tsangpo to McMahon Line Oct 2014

Exploring northwest Yunnan-Balagezong in Shangri-La May 2016

Exploring forbidden south Tibet-Bobonung Massif November 2016

Exploring unknown southernmost rim of Daxue Shan, Sichuan, June 2017

Exploring veiled mountains along Dadu River basin, Sichuan, October 2017

Exploring unknown mountains in Yushu Prefecture, Qinghai, October 2018

1996 – Published "East of the Himalayas" (Yamakei Publishers)

2000 – Published "Deep Gorge Country" (Yamakei Publishers)

2001 – Started publication of the Japanese Alpine News (The Japanese Alpine Club)

2003 – Award of the Prince Chichibu Memorial Mountaineering Prize 2003 by the Japanese Alpine Club

    Published "East of the Himalayas –To the Alps of Tibet" (English version - JAC)

200 5 – Published "The Alps of Tibet" (Yamakei Publishers)

2007 – UIAA Award for Contributions to International Mountaineering by UIAA

2008 – Published *"Die Alpen Tibets– Ostrich des Himalaya"* (Detjen- Verlag, Hamburg)

    Award of the Busk Medal 2008 of the Royal Geographical Society

2009 – Award of the 4th Japan Sports Grand Prix by the Japanese Government

2010 – International Explorers Award – The 12th Explorers Festival-Poland

2012 – Published "The Final Frontier – Alps of Tibet" (Tokyo Shimbun, newspaper company)

2013 – Award of the 2nd Tadao Umesao Mountains & Explorations Literature Prize

2016 – Published "East of the Himalaya-Mountain Peak Maps" (Nakanishiya Shuppan)

2016 – Started publishing the Asian Alpine E-News

2016 – Piolets d'Or Asia Life-time Achievements Award

2017 – Award of Life-time Sports Achievements by Japanese Government

As in January 2019

   - Honorary Member of-

   1) The Alpine Club: **2007 Walter Bonatti, 2008 Tamotsu (Tom) Nakamura**

            2009 Ricardo Cassin

   2) The American Alpine Club

   3) The Himalayan Club

   4) The Japanese Alpine Club

   5) The Polish Mountaineering Association

   6) The New Zealand Alpine Club

   7) UIAA

   8) Sikkim Mountaineering Association

   Fellow of the Royal Geographical Society

Overseas lectures on East of the Himalaya – Alps of Tibet:

American Alpine Club – 2004, 2007

Himalayan Club – 2003, 2004, 2008

Alpine Club (UK) – 2005 two times, 2009

Travellers Club (London) – 2009

Doug Scott (Lake District) – 2009

Cambridge University – 2009

Club Alpino Italiano, Lecco and Torino– 2010

Trento Film Festival, Italy – 2010

The 12th Explorers Festival, Poland two times – 2010

Mountain club, Barcelona, Spain – 2010

Ireland Mountaineering Council - 2009

Danish Alpine Club – 2005

Korean Mountaineering Federation – 2007

New Zealand Alpine Club – 2011

UIAA Annual General Meeting held at Kathmandu – 2011

Bansko Film Festival, Bulgaria two times – 2011

Prague International Alpinism Conference and Festival, Czech – 2011

International Mountain Medicine Congress, Taipei-Taiwan two times– 2012

Prague International Alpinism Festival, Czech – 2013

Prague International Alpinism Festival, Czech – 2015

Sichuan University, China - 2015

Royal Geographical Society Hong Kong – 2016

Nepal Mountaineering Association, Kathmandu – 2016

Sichuan University, China – 2017 (twice)

Sikkim University – 2018

Global Adventure and Mountaineering Conference & EXPO, Kathmandu – 2018

中村　保 "元企業戦士-老年探検家" のプロフィールと踏査記録

1934 年、東京生まれ。一橋大学山岳部で先鋭登山を目指す。1957 年北穂高岳滝谷グレポンを芳野満彦と初登攀。1958 年石川島重工業（現 IHI）入社。1961 年に一橋大学アンデス遠征をプロモートし、ペルーのコルディエラ・ブランカのプカヒルカ北峰 6,046m 初登頂、さらにボリビアに転進しアポロバンバ、ププヤ山群で二つの初登頂を行う。社会人生活では 1962 年から 1994 年まで IHI で海外プラント・ビジネスに携わり、パキスタン、メキシコ、ニュージーランド、香港に 20 年余駐在し、世界数十カ国のプロジェクトに関わり企業戦士として専心する。

1990 年から 2018 年までの四半世紀の間に中国南西辺境「ヒマラヤの東一チベットのアルプス」の雲南、四川、東チベット、青海に 40 回足を運び、地理的空白部の全容を解明する。併せてインド、ネパール、シッキムへの旅も続ける。

1996 年	『ヒマラヤの東』（山と溪谷社）出版
2000 年	『深い浸食の国』（山と溪谷社）出版
2001 年	Japanese Alpine News（日本山岳会）を創刊
2003 年	日本山岳会・第六回秩父宮記念山岳賞を受賞
2005 年	『チベットのアルプス』（山と溪谷社）出版
2005 年	国際山岳連盟 UIAA より表彰を受ける
2008 年	ドイツ Detjen-Verlag より *Die Alpen Tibets*（ドイツ語版）出版
	王立地理学協会（英国）より Busk Medal 2008 を受賞
2009 年	第 4 回日本スポーツグランプリ受賞
2010 年	ホーランド探検家祭にて世界探検賞を受賞
2012 年	『最後の辺境一チベットのアルプス』（東京新聞社）出版
2013 年	第二回　梅棹忠夫　「山と探検文学賞」受賞
2016 年	「ヒマラヤの東山岳地図帳」日本山岳会 110 周年記念出版
	"East of the Himalaya-Mountain Peak Maps: Alps of Tibet & Beyond"
	英日中三カ国語版（ナカニシヤ出版）
	「アジア黄金のピッケル賞・Life-time Achievements Award」受賞（韓国）

海外講演：2002 年から欧米、ニュージーランド、インド、ネパール、中国、韓国の 15 カ国で 34 回の講演を行った。

現　在、日本山岳会名誉会員
　　　アメリカン・アルパインクラブ名誉会員、
　　　アルパインクラブ名誉会員(英国)
　　　ヒマラヤンクラブ名誉会員(インド)
　　　ポーランド山岳協会名誉会員
　　　ニュージーランド・アルパインクラブ名誉会員
　　　国際山岳連盟ＵＩＡＡ名誉会員
　　　王立地理学協会フェロー(英国)
　　　横断山脈研究会会長

中村保 「ヒマラヤの東一チベットのアルプス」 踏査クロニクル

1990・4 月	：雲南省	麗江・玉龍雪山と長江第一湾
1990・7 月	：四川省	四姑娘山南面を探る・日隆から長坪溝
1991・3-4 月	：雲南省	サルウィン川上流・怒江大峡谷（六庫−貢山）
1991・7-8 月	：四川省	大渡川と長征の道（攀枝花−会理−瀘定−康定）
1991・12 月	：四川省	峨眉山から金沙江・雷波鎮〔イ族の国〕
1992・5-6 月	：四川省	沙魯里山系チョーラ山と新路海踏査
1993・4-5 月	：雲南・東南チベット	梅里雪山からメコン上流の塩井
1993・8 月	：四川省	岷山山系・雪宝頂−黄龍−九賽溝−大草原
1994・2 月	：四川省	厳冬の中甸高原から玉龍雪山と虎跳峡
1994・3-4 月	：四川省	ミニヤコンカ西面と大雪山偵察
1995・10 月	：東南チベット	崗日嘎布山群東部から禁断の察隅へ
1996・10 月	：雲南・東南チベット	梅里雪山巡礼路一周
1997・4-5 月	：四川省	大渡河流域の未踏の山塊探査
1997・7-8 月	：雲南・四川	能海寛の足跡（中甸−稲城−理塘−巴塘−芒康−徳欽）
1998・7-8 月	：四川省	チョンライ山系未踏の岩峰探査・ビープン谷から長坪溝
1998・11 月	：東南チベット	深い浸食の国・メコンから玉曲(サルウイン支流)峡谷
1999・5-6 月	：東南チベット	崗日嘎布東部山群踏査、川蔵公路をラサまで
1999・10 月	：四川省西部高地	探検史紀行・理塘から旧道を波密を経て巴塘
2000・5-6 月	：四川省西部	巴塘からヤンモーロン山塊探査
2000・6 月	：四川省西部	措普牧場とジャージンジャボ山群踏査
2000・10-11 月	：四川・青海 3,000km（甘孜−白玉−玉樹−黄河源流−西寧−蘭州）
2001・5-6 月	：東チベット	念青唐古拉山東部探査　嘉黎・易貢蔵布源流
2001・10-11 月	：東チベット	念青唐古拉山東部探査　巴松湖の北、プンカから嘉黎
2002・4-5 月	：東チベット	念青唐古拉山東部 山脈中央部プユー谷とダムドル谷

2002・10-11 月　：東チベット　念青唐古拉山東部探査 ネナン偵察、ラチン・ラ、波堆蔵布
2003・10 月　　：東南チベット　イラワジ川源流から雲南へ・察隅－サルウイン－メコン
2004・10-11 月　：東チベット　念青唐古拉山東部探査・巴松湖の東と娘浦周辺
　　　　　　　　　雲南省　カトリック宣教師の道、四川省　チョンライ山系・丹巴石塔
2005・10-11 月　：東チベット　念青唐古拉山東部探査・未踏の易貢蔵布遡行
2006・10-11 月　：東チベット　念青唐古拉山東部探査・易貢蔵布と波堆蔵布踏査
　　　　　　　　　東チベット　崗日嘎布東部山群探査・ミドイ谷とミメイ谷踏査
2007・11-12 月　：東南チベット　怒江大峡谷から深い浸食の国踏査・木孔雪山とダムヨン
2008・10-11 月　：東南チベット　ゴルジュの国・ドゥンリガルポ踏査
　　　　　　　　　四川省　人中峰山塊、大雪山系の未踏峰探査
2009・10-11 月　：東チベット　念青唐古拉山東部・尼屋曲、金嶺、波堆蔵布探査
　　　　　　　　　東チベット　崗日嘎布西部・朗秋蔵布踏査
2010・ 7 - 8 月　：雲南省　怒江流域・キリスト教会探訪
　　　　　　　　：四川省　西部高地・理塘高原沙魯里山ピーク同定
2011・10 月　　：東チベット　念青唐古拉山東部・易貢蔵布下流部　江普氷河探査
2012・10 月　　：四川省西部高地　ガンガ山群、カワロリ山塊探査
　　　　　　　　：雲南省南部　メコン川流域踏査
2013・ 6 月　　：メコン源流から青海、四川 4,500km 踏査
　　　 10 月　　：南チベット　打拉日山群探査
2014・10-11 月　：南チベット　郭格拉日居、マクマホンライン、ブータン国境付近
2016・ 5 月　　：雲南省　バラゲソン山塊探査
　　　 10 月　　：南チベット　ボボナン山塊、ヤルン・ツァンポー流域探査
2017・ 6 月　　：四川省　大雪山系南縁探査
2017・10 月　　：四川省　大渡河流域の岩峰群探査
2018・10 月　　：青海省　ナンチェン王国と玉樹の未踏峰探査

Flying Over the Himalaya
—Peak Identification—
空撮ヒマラヤ越え　山座同定

2019年5月1日　　初版第1刷発行　　（定価はカヴァーに表示してあります）

著　者　中村　保 ©
　　　　公益社団法人 日本山岳会
　　　　〒102-0081 東京都千代田区四番町5番4号
　　　　電話 03-3261-4433 ファクス 03-3261-4441

発行者　中西　良
発行所　株式会社 ナカニシヤ出版
　　　　〒606-8161 京都市左京区一乗寺木ノ本町15番地
　　　　電話 075-723-0111 ファクス 075-723-0095
　　　　URL http://www.nakanishiya.co.jp/
　　　　E-mail iihon-ippai@nakanishiya.co.jp

印刷所・製本所　㈱東京印刷

©Tamotsu Nakamura, 2019　　　Printed in Japan
＊落丁・乱丁本はお取替え致します。

ISBN978-4-7795-1360-2